ZEIT-FRAGEN

Der Weg zur Wiedervereinigung

ZEIT-FRAGEN

Der Weg zur Wiedervereinigung

Stiftung
Haus der Geschichte
der Bundesrepublik Deutschland

Nicolai

Wissenschaftliches Symposion
am 29. November 1999

Stiftung Haus der Geschichte
der Bundesrepublik Deutschland
im Zeitgeschichtlichen Forum Leipzig

Herausgeber:
Stiftung Haus der Geschichte
der Bundesrepublik Deutschland
Direktor: Prof. Dr. Hermann Schäfer

Alle Rechte vorbehalten. Ohne ausdrückliche Genehmigung des Verlages
und des Herausgebers ist es nicht gestattet, das Buch oder Teile daraus
zu vervielfältigen, zu veröffentlichen oder auf Datenträger zu übertragen.
Redaktion: Susanne Rebscher, Dr. Anne Martin
Einbandgestaltung: Agentur Schleiner + Partner, Freiburg im Breisgau
Zitat Umschlagrückseite aus: *Um Deutschland ist mir gar nicht bang*,
in: Biermann, Wolf, *Paradies uff Erden. Ein Berliner Bilderbogen*,
© Verlag Kiepenheuer & Witsch, Köln 1999
Satz und Repro: LVD GmbH, Berlin
Druck: Clausen & Bosse, Leck
Printed in Germany
© Stiftung Haus der Geschichte der Bundesrepublik Deutschland,
Bonn/Leipzig, und Nicolaische Verlagsbuchhandlung Beuermann GmbH,
Berlin 2000
ISBN 3-87584-936-1

Inhalt

Hermann Schäfer
Vorwort   7

Dennis L. Bark
Außenpolitische Bedingungen der deutschen Einheit:
Die »Supermächte«   11

Diskussion   27

Jiři Gruša
Der Zerfall des Ostblocks   51

Diskussion   61

Ehrhart Neubert
Opposition und Widerstand in der DDR   77

Diskussion   91

Richard Schröder
Zehn Jahre deutsche Einheit   121

Referenten   137

Weiterführende Literatur   143

Hermann Schäfer

Vorwort

Das Symposion »Zeit-Fragen. Der Weg zur Wiedervereinigung« war die wissenschaftliche Auftaktveranstaltung des Zeitgeschichtlichen Forums Leipzig. Am 9. Oktober 1999 – zehn Jahre nach der ersten großen Montagsdemonstration – hatte Bundeskanzler Gerhard Schröder in Anwesenheit von Bundestagspräsident Wolfgang Thierse und Ministerpräsident Kurt Biedenkopf das Museum in der Leipziger Innenstadt eröffnet. Um das Zeitgeschichtliche Forum Leipzig auch als Ort für wissenschaftliche Veranstaltungen der Öffentlichkeit vorzustellen, konnten wir uns im Anschluss an diese Eröffnung kein passenderes Tagungsthema vorstellen. Denn eine Dekade nach den aufwühlenden Ereignissen im Herbst 1989 ist die Diskussion über Ursachen und Faktoren, die zur deutschen Einheit führten, noch immer in vollem Gange. Es ist keine gewagte Prognose, dass dies eine Debatte sein wird, die Historiker, Politologen, Soziologen, Publizisten und viele andere noch auf Generationen beschäftigen wird.

Das Symposion steht in einer wohl etablierten Tradition. Unter dem Titel »Zeit-Fragen« haben in Bonn Veranstaltungen zu »Israel und die Bundesrepublik Deutschland«, »50 Jahre Marshall-Plan« sowie »Die Europäische Geschichtskultur im 21. Jahrhundert« stattgefunden. Hinzu treten unsere Symposien, die sich unter den Titeln »Museums-Fragen« und »Nach-Denken« zum einen musealen Themen widmen und zum anderen einen biografischen Ansatz verfolgen. In Leipzig und Bonn werden wir diese bewährte Trias – »Zeit-Fragen«, »Museums-Fragen« und »Nach-Denken« – weiterführen.

Im Zeitgeschichtlichen Forum Leipzig stellen wir die Geschichte von Diktatur und Opposition in der SBZ/DDR vor dem Hintergrund der deutschen Teilung aus. Der deutsch-deutsche Aspekt war uns bei der Konzipierung der Dauerausstellung besonders wichtig. Trotz der vierzigjährigen Trennung blieben beide deutsche Teilstaaten aufeinander bezogen, obwohl im Laufe der Geschichte die Teilung immer mehr zum allseits akzeptierten Status quo avancierte. Die deutsche Einheit stand bei Vielen nicht mehr auf der politischen Tagesordnung.

Für die Menschen im Westen Deutschlands und in der Welt kam das Aufbegehren im Herbst 1989 zwar nicht völlig ohne Vorwarnung, dennoch überraschte es sie. Bis dahin hatten wir – von Ausnahmen abgesehen – die DDR als festgefügten Staat angesehen. Nur die wenigsten nahmen damals wahr, dass unterhalb der matten Oberfläche bereits Menschen wirkten, die sich gegen die SED-Diktatur auflehnten. Im Laufe der Jahre war – trotz des Tages der Deutschen Einheit – die Erinnerung an den großen Aufstand vom 17. Juni 1953 in den Hintergrund gerückt, allerdings nie ganz in Vergessenheit geraten. Denn schon damals hatte sich für einen kurzen weltgeschichtlichen Augenblick angedeutet, was 36 Jahre später Realität werden sollte. Bereits 1953 brannte die DDR lichterloh; das revolutionäre Feuer konnte nur unter den Ketten sowjetischer Panzer erstickt werden. Es ist kein besonders gewagter Ausflug in die virtuelle Geschichte, wenn man unterstellt – Egon Bahr hat dies immer wieder getan –, dass die deutsche Einheit bereits 1953 gekommen wäre, hätte die Rote Armee dem Rad der Geschichte nicht in die Speichen gefasst.

Dem Thema »Der Weg zur Wiedervereinigung« nähern wir uns auf dreifache Weise: An erster Stelle stehen die Supermächte, die während des Kalten Krieges die Weltpolitik bestimmt haben. Mit diesem Thema auf das Engste verbunden ist der Zerfall des Ostblocks, der uns gleichsam eine Innenperspektive eröffnet. Den Abschluss bildet die Frage nach der Rolle von Opposition und Widerstand in der DDR während des Weges zur Wiedervereinigung.

Es ist einer Auftaktveranstaltung angemessen, dass wir für alle drei Sektionen herausragende Experten gewinnen konnten. Dies gilt nicht nur für die Vortragenden – Professor Dennis Bark, Seine Exzellenz Jiří Gruša, Dr. Ehrhart Neubert – sondern eben auch für die hochkarätig besetzten Diskussionsrunden. Es ist mir darüber hinaus eine besondere Freude, dass zwei langjährige Mitglieder unseres Wissenschaftlichen Beirates – Professor Klaus Hildebrand und Professor Ulrich von Hehl – die beiden ersten Diskussionsleitungen übernommen haben. Eine Zwischenbilanz der Deutschen Einheit zog Professor Richard Schröder, der uns so überzeugend wie kaum ein anderer den Spiegel vorzuhalten vermag.

Die große Resonanz, die unser Symposion gefunden hat, bestätigt den von uns eingeschlagenen Kurs. Mein Dank gilt auch den Mitarbeiterinnen und Mitarbeitern der Stiftung – in Leipzig und Bonn –, die sowohl das Symposion geplant und durchgeführt als auch für die rasche Drucklegung dieses Tagungsbandes gesorgt haben. Die enge Kooperation zwischen beiden Standorten der Stiftung ist seit Jahren eine Selbstverständlichkeit und Grundlage für den Erfolg. Sie wird auf allen Ebenen fortgesetzt.

Der Erfolg des Symposions hat uns bestärkt, eine Veranstaltungsreihe im Zeitgeschichtlichen Forum Leipzig zu etablieren, die sich mit deutsch-deutschen Themen auseinandersetzen wird. Als Datum scheint der 9. Oktober besonders geeignet, jährt sich an diesem Tage doch die erste große Montagsdemonstration. Die Geschichtsmächtigkeit dieses Tages wird auch in den kommenden Jahren ein willkommener Anlass sein, um über die Deutsche Einheit und den Weg der Vereinigung nachzudenken. Diese Themen werden uns immer wieder beschäftigen – nicht nur in diesem Jahr aus der Perspektive eines anderen Jahrhunderts, sondern auch auf lange Sicht.

Dennis L. Bark

Außenpolitische Bedingungen der deutschen Einheit: Die »Supermächte«

Die »Supermächte«! Ein Ausdruck, den ich nie mochte. Er missbraucht das Wort »super« und überbewertet die Bedeutung des Wortes »Macht«. Doch die Medien prägten diesen Ausdruck während des Kalten Krieges. Unter diesem Blickwinkel erhielten die außenpolitischen Bedingungen der deutschen Einheit, soweit sie im historischen Spiegel der achtziger Jahre reflektiert werden, ihre charakteristische Form und Substanz hauptsächlich durch zwei herausragende Männer in Moskau und Washington: Das »Time Magazine« kürte einen der beiden, Michail Gorbatschow, zum »Mann des Jahrzehnts«. Der andere, Ronald Reagan, verließ sein Amt im Januar 1989 und erhielt keine vergleichbare Auszeichnung. Dennoch waren es die Visionen und die Taten beider, Gorbatschows und Reagans, die gemeinsam mit zwei hervorragenden Außenministern – Eduard Schewardnadse und George P. Shultz – die Geschicke eines der entscheidendsten Jahrzehnte unseres Jahrhunderts prägten.

Zunächst möchte ich der Frage nachgehen, ob die deutsche Vereinigung zufällig oder geplant zu Stande kam, um danach die grundsätzlichen Bedingungen der radikalen Veränderungen im Europa der achtziger Jahre genauer zu erläutern.

Zufall oder Wahl?

Geschah die deutsche Einheit zufällig, war sie vorhersehbar oder wurde sie gar bewusst herbeigeführt? Diese Frage werden Historiker noch in hundert Jahren leidenschaftlich diskutieren. Meine eigene Antwort lautet: Die Vereinigung war kein Zufall, sie war vorhersehbar. Obwohl sie nicht geplant war, resultierte sie dennoch aus einem Prozess, der zur Einheit führte, und zwar bereits am 9. November 1989.

Wann begann diese Entwicklung? Angesichts der Nachkriegspolitik der Supermächte könnte man behaupten, dass der Anfang in der Teilung Deutschlands im Jahr 1949 liegt. Die »westliche Politik der Stärke« der fünfziger Jahre trieb diesen Prozess weiter voran, ebenso wie Konrad Adenauers Politik der politischen, wirtschaftlichen und militärischen Westintegration, die Adenauers Nachfolger in den sechziger Jahren fortsetzten und die einen zentralen Punkt dieser Entwicklung darstellt. Die »Entspannungspolitik« und der »Wandel durch Annäherung«, wie sie in den frühen siebziger Jahren unter Willy Brandt zu einem ersten Höhepunkt kamen, leisteten einen weiteren wichtigen Beitrag. Es war eine Politik, welche die Regierungen Frankreichs, Großbritanniens, der USA und der Sowjetunion gemeinsam, wenn auch auf unterschiedlichen Wegen, herbeigeführt hatten, als sie 1971 in Berlin ein Viermächteabkommen unterzeichneten. Ihre Fortsetzung fand diese Politik auf einer größeren, europäischen Bühne: in Form der Konferenz für Sicherheit und Zusammenarbeit in Europa (KSZE) in Helsinki im Jahr 1975 und der Verhandlungen über beiderseitige und ausgewogene Truppenreduzierung in Mitteleuropa (MBFR) in Wien in den Jahren 1973 bis 1989.

Nicht zu unterschätzen ist ebenfalls die Qualität der politischen Führung im Westen zwischen den fünfziger und siebziger Jahren. Unabhängig von ihrer liberalen oder konservativen, demokratischen oder republikanischen Einstellung teilten alle Staatsmänner von Harry S. Truman bis John F. Kennedy, von Richard Nixon bis Jimmy Carter in den USA, von Jean Monnet und Robert Schuman bis Charles de Gaulle und Valéry Giscard d'Estaing in Frankreich, von Winston Churchill und Sir Robert Anthony Eden bis Harold Wilson und Edward Heath in Großbritannien und von Konrad Adenauer und Ludwig Erhard bis Willy Brandt und Helmut Schmidt in Westdeutschland eine Überzeugung: Die Freiheit in Europa musste verteidigt werden. Diese Verteidigung begann in Berlin und in der Bundesrepublik Deutschland. Der Westen äußerte dieses Bekenntnis von Anfang an unmissverständlich und verlieh ihm durch die Politik der nachfolgenden europäischen und amerikanischen Staatsmänner Kontinuität.

Einen weiteren wichtigen Beitrag leistete die unsichtbare Hand des freien Marktes in einer freien und offenen Gesellschaft, wo wirtschaftliche Erfolge erarbeitet und nicht von diktatorischen Regierungen zugeteilt werden. Die westeuropäischen und nordamerikanischen Handelsmärkte standen – schon allein durch ihre Investitionskraft, ihren Leistungsanreiz und ihre Erfindungskraft – in einem krassen und erschreckenden Kontrast zu den gespenstischen Märkten in Ostmitteleuropa und der Sowjetunion. Daher überrascht es nicht, dass die innovativen westlichen Ideenmärkte, die von politischer Debatte und ökonomischem Wettbewerb geprägt waren, sich zu Magneten entwickelten, die Tausende anzogen, bis Gewehre, Minenfelder und schließlich die Mauer ihnen den Weg verstellten. Die Reaktion war vorhersehbar. Sobald die Grenzen existierten, wuchs der Wunsch nach Freiheit und entwickelte eine unaufhaltsame Eigendynamik.

Alle oben beschriebenen Phänomene trugen zum Voranschreiten des historischen Prozesses bei. Im Zentrum der Entwicklung stand stets, was der amerikanische Diplomat Robert Murphy, Berater des Militär-Gouverneurs Lucius D. Clay in Deutschland, im März 1949 als »unsere grundlegende Zielsetzung« bezeichnete:

» (...) die Schaffung eines Deutschlands, in dem die friedliche Entwicklung durch enge Zusammenarbeit in der Gemeinschaft der freien Völker möglich wird. Dieses Ziel gilt für ganz Deutschland, dessen genaue territoriale Grenzen noch nicht festgelegt sind. (...) Wir haben konsequent an diesem Ziel festgehalten und sollten dies auch in Zukunft tun. (...) Nach drei Jahren der Bemühungen und Konzessionen an die UdSSR konnte kein Abkommen zwischen den vier Mächten erreicht werden. Wir waren daraufhin gezwungen, aus einem Abkommen zwischen den drei westlichen Mächten für Deutschland das Beste zu machen. Wir haben die Tür nie zugeschlagen, wir wurden aus Ostdeutschland herausgedrängt und von den Sowjets attackiert und diffamiert. Es war offensichtlich ihr Ziel, uns nicht nur aus Berlin, sondern auch aus Westdeutschland zu vertreiben. Aber das Schicksal Deutschlands wird das Schicksal Europas sein (...).«[1]

Diese grundlegende Zielsetzung entwickelte sich zum Herzstück der geradlinigen und konsistenten Politik der folgenden 40 Jahre, trotz doppeldeutiger Kommentare wie: »Ich mag Deutschland so sehr, ich möchte gerne zwei davon haben.« Für viele von uns bestanden die Auseinandersetzungen von den fünfziger bis in die achtziger Jahre – auch in ihren ökonomischen und politischen Dimensionen – in einem Kampf nicht nur des Geistes, sondern auch des Herzens. Das Ergebnis dieser Auseinandersetzungen war kein Zufall. Am Ende gewannen das Ideal der Freiheit, die ökonomische Kraft und der Wille, beides mit Waffen zu verteidigen. Dagegen hatte eine diktatorische Ideologie keine Chance.

Diese Entwicklung gab Deutschland 1989 die »Chance der Entscheidung« für Selbstbestimmung, für Einheit und dafür, eine Partnerschaft mit den Freunden und Nachbarn in Form einer friedlichen Allianz zu bilden. Deutschland wählte die Einheit. Im Osten dagegen zerbrachen die Staaten des Zufalls, der Korruption und der Diktatoren unter ihrem eigenen Gewicht.

Die »Bedingungen« in den achtziger Jahren

Es stellt sich eine weitere Frage: Welche prinzipiellen Bedingungen der Supermächte beeinflussten die »winds of change« in der europäischen Politik in den achtziger Jahren?

Im Jahr 1980 ahnten wir weder, welche konkrete Form die Idee der Freiheit im folgenden Jahrzehnt annehmen, noch, dass es an Gorbatschow und Reagan sein würde, die unaufhaltsame Vorwärtsbewegung dieser Entwicklung zu steuern. Dennoch waren wir – zumindest einige von uns – zuversichtlich, dass die Freiheit der Demokratie und des ökonomischen Wettbewerbs siegen würde, auch wenn niemand wusste wann. Der Anfang der achtziger Jahre war noch von der Politik des Kalten Krieges geprägt, doch an ihrem Ende kam eine lange vorauszusehende Entwicklung – wenn auch auf unbeabsichtigte Art und Weise – zu ihrem Abschluss.

Das Jahrzehnt begann mit der Invasion Moskaus in Afghanistan am 27. Dezember 1979 und mit dem Aufstellen einer Armada sowjetischer Raketen (SS 19 und SS 20). Washington reagierte mit wirtschaftlichen Sanktionen und dem Boykott der Olympischen Spiele in Moskau. Innenpolitisch waren die USA beherrscht von einem emotionsgeladenen Wahlkampf um die Präsidentschaft. Jenseits dieses Wahlkampfes gab es vertrauliche, parteiübergreifende, mittlerweile beinahe vergessene Versuche, der sowjetischen Drohung zu begegnen. Diese Bemühungen wurden in einem »Ausschuss zur Beschäftigung mit der aktuellen Bedrohung« (The Committee on the Present Danger) gebündelt, zu dem unter anderem Paul Nitze, Richard Allen, Eugene Rostow, Andrew Goodpaster, Max Kampelman, William Casey, David Packard, George P. Shultz und Ronald Reagan gehörten. Bereits im November 1982 spielten fünfzig Mitglieder dieses Ausschusses eine aktive Rolle bei der Gestaltung der amerikanischen Außenpolitik im neuen Jahrzehnt.

Eine erbittert geführte Rüstungsdebatte beherrschte, besonders in Deutschland, die frühen achtziger Jahre. Bekannte Pazifisten und Politiker traten für Verhandlungen mit der Sowjetunion und für eine Distanzierung vom amerikanischen Militarismus ein. In meinen Augen war allerdings für jeden, der dies erkennen wollte, längst ersichtlich, dass die sowjetische Aufrüstung das Ende der Entspannungspolitik provozierte. Aber einer musste ja verantwortlich gemacht werden. In diesem Sinne bezeichnete der Historiker und Publizist Peter Bender Mitte der achtziger Jahre die beiden Supermächte als »neurotisch« in »ihrer Fixierung auf Aufrüstung und Wettbewerb«.[2] Der sowjetische Generalsekretär Leonid Breschnew seinerseits umwarb die deutsche Linke und nannte bei seinem Besuch in Bonn im November 1981 – ohne ersichtlichen Anlass – die Bundesrepublik »einen Dolmetscher zwischen den Supermächten«. Wie ironisch muss dies den östlichen Nachbarn Deutschlands erschienen sein, als wenige Wochen später, am 13. Dezember 1981, das kommunistische Regime in Polen das Kriegsrecht ausrief, um die Solidarność-Bewegung zu unterdrücken. Nichts geschah! Die Politik des Kalten Krieges wurde unverändert weitergeführt!

In der Zwischenzeit waren keine unmittelbaren Auswirkungen der Wahl Ronald Reagans vom November 1980 feststellbar. Erst als Reagan im Juni 1982 im Deutschen Bundestag eine denkwürdige Rede hielt, kam es zu einem – wie die Presse es nennen würde – »Schlüsselereignis« im Verhältnis zwischen der Sowjetunion, den USA und Deutschland. Für seine Rede über Abschreckung und Rüstungskontrolle erhielt Reagan von allen Fraktionen – links und rechts des Gangs – ungeteilten Beifall, was bisher kein deutscher Bundeskanzler erreicht hatte. Helmut Schmidt verglich sie sogar mit der berühmten »Ich bin ein Berliner!«-Rede Kennedys, da sie ebenso wie diese ein Bekenntnis zum deutsch-amerikanischen Bündnis gewesen sei.

Im Jahr 1983 erlebten wir den neuen Kanzler der Bundesrepublik Deutschland, Helmut Kohl, der sich zu einem der großen Staatsmänner Deutschlands nach dem Zweiten Weltkrieg entwickeln sollte. Die öffentliche Debatte drehte sich immer noch um Schuld und Verantwortung der beiden Supermächte. Der bekannte SPD-Politiker Oskar Lafontaine veröffentlichte ein Werk mit dem Titel »Angst vor den Freunden«, welches einen kaum verhüllten Angriff auf die

Vereinigten Staaten enthielt. Ebenfalls im Jahr 1983 beschloss der Bundestag mit 286 gegen 226 Stimmen die Aufstellung von Cruise Missiles. Dies führte zur bislang größten Friedensdemonstration in der Geschichte der Bundesrepublik, mehr als 300.000 Menschen gingen auf die Straße. Die sowjetischen Unterhändler verließen Genf und die ersten Raketen wurden auf deutschem Boden aufgestellt.

Darüber hinaus prägte eine erstaunliche Ankündigung Ronald Reagans das Jahr 1983: Im März stellte der amerikanische Präsident ein Programm mit dem Namen »Strategische Verteidigungsinitiative« (SDI) vor. Senator Edward Kennedy bezeichnete es unverantwortlicherweise als »Krieg der Sterne«. Nichtsdestoweniger war es dieses Programm, das den bisherigen Verlauf des Kalten Krieges tatsächlich veränderte und eine Entwicklung mit einleitete, die das Verhältnis zwischen den Supermächten neu definierte.

Sowohl in den USA als auch in Europa war SDI heftig umstritten. Erst der Aufstieg Gorbatschows, des mit 54 Jahren jüngsten Generalsekretärs seit Stalin, rückte zwei Jahre später die Diskussion in den Hintergrund. Die Welt sah Gorbatschows Berufung als Vorzeichen einer neuen Ära der »Öffnung« und des »Umdenkens«. Die Begriffe »Glasnost« und »Perestroika« waren in aller Munde.

Schnell stellte sich heraus, dass hinter Gorbatschows Plänen mehr steckte, als zunächst nach außen hin schien. Ende 1985 willigte Gorbatschow ein, die 1983 abgebrochenen Raketen-Verhandlungen wieder aufzunehmen. Bereits im September 1986 kam es zu einem Treffen mit Reagan in Reykjavik auf Island. Auch wenn das offizielle Thema des Gipfeltreffens die Waffensysteme waren, so lag sein Haupterfolg vor allem darin, die sowjetische Wirtschaft und SDI in ein realistisches Verhältnis zu setzen. Es war »die außergewöhnlichste aller Gipfelkonferenzen«, wie mir George P. Shultz später an der Hoover Institution erklärte. »Nicht nur, weil es keine undichten Stellen zur Presse gab, sondern vor allem, weil es die Grundlagen für die dramatischen Entwicklungen in Mittel- und Osteuropa in den späten achtziger Jahren und bis in die neunziger Jahre hinein legte.«[3]

Gorbatschow und sein Außenminister Schewardnadse waren die ersten sowjetischen Staatsmänner, die zur Nachkriegsgeneration in der UdSSR gehörten. Sie waren in diesem System groß geworden und wussten, dass es nicht funktionierte. Zudem erkannten sie, dass die Sowjetunion ernste wirtschaftliche Probleme hatte. Gorbatschow stellte fest: »(...) Seit 1982 stagniert das Pro-Kopf-Einkommen.

(...) Wenn wir die tatsächlichen Lebensstandards vergleichen, befinden wir uns am Ende der Liste der Mitgliedstaaten des Rats für Gegenseitige Wirtschaftshilfe.«[4]

Das Land war beherrscht von Miss- und Mangelwirtschaft, Korruption und Inflation. Auf den Handels- und Finanzmärkten der Welt spielten sowjetische Geschäftsleute keine bedeutende Rolle. Darüber hinaus ruinierten die Rüstungsausgaben langsam, aber sicher die letzten noch funktionierenden wirtschaftlichen Strukturen. Nichts konnte diesen Umstand deutlicher machen als eine Deklaration des 27. Parteitages der KPdSU im März 1986, die besagte: »Ohne eine Beschleunigung der wirtschaftlichen und sozialen Entwicklung wird es unmöglich sein, an unserer Stellung auf dem internationalen Schauplatz festzuhalten.«[5]

Auch Reagan und Shultz erkannten diese Probleme. Ein Mitarbeiter Reagans formulierte dies so: Der Präsident hielt die Trümpfe in der Hand. Die amerikanischen Politiker wussten, dass »die Russen eine Menge Geld investieren mussten, um im Rüstungswettbewerb mithalten zu können, zumal Ronald Reagan die USA mit allen ihren finanziellen und technischen Kapazitäten in den Dienst der Entwicklung von SDI gestellt hatte – einem Verteidigungssystem, das die gesamte sowjetische Raketenkraft nutzlos machen würde«. Als Gorbatschow in Reykjavik Reagan aufforderte, SDI aufzugeben, antwortete dieser nur: »Das Treffen ist vorbei. Lasst uns gehen, wir reisen ab.«[6]

Reagans Entscheidung, mit dem Aufbau von SDI fortzufahren, war eine entscheidende Wende, denn beide, Reagan und Gorbatschow, wussten, dass die Sowjetunion in diesem Konkurrenzkampf keine Chance hatte. Reagans politische Position reflektierte sein strategisches Ziel: »Die Sowjets wurden gezwungen sich zu entscheiden: entweder ihre Politik der permanenten Konfrontation mit dem Westen zu beenden oder zunehmenden zerstörerischen Druck an der Heimatfront aushalten zu müssen.«[7]

Gorbatschow und Schewardnadse schätzten die Situation genauso ein wie Reagan und Shultz. Alexander Jakowlew, einer der Berater Gorbatschows, sah Reykjavik als »eine Wende im Rüstungswettbewerb.« Wenn SDI nicht gestoppt würde, »müssten wir unser eigenes Programm starten, was unvorstellbar teuer und unnötig sein und zur weiteren Erschöpfung des Landes führen würde.«[8]

Nach dem Gipfeltreffen wurde die zentrale Frage, ob das amerikanische Festhalten an SDI Gorbatschow und die Sowjetunion dazu zwingen würde, den Kampf aufzugeben, überraschend wenig weiter diskutiert. Trotz ihrer zentralen Bedeutung tauchte sie kaum in der Öffentlichkeit auf. Im Gegenteil, die Europäer, besonders die Deutschen, waren beunruhigt von Reagans Ankündigung, gemeinsam mit Gorbatschow alle Nuklearwaffen bis zum Jahr 2000 abzuschaffen und mit der Sowjetunion neue Abrüstungsgespräche aufzunehmen mit dem Ziel, nukleare Lang- und Mittelstreckenraketen abzurüsten. Der amerikanische Journalist Josef Joffe kommentierte Mitte 1987 in einem persönlichen Schreiben an den Autor:

»Die »doppelte Nulllösung« mit dem Vorschlag, zwei Standbeine der nuklearen Triade in Europa (Lang- und Mittelstreckenwaffen) abzuschaffen, musste alle uralten Albträume Westdeutschlands wahr werden lassen. (. . .) Eine Einigung würde rund 4.600 Sprengköpfe in Europa belassen, der größte Teil in Westdeutschland stationiert. Außer den in der Luft detonierenden Systemen sind alle in Deutschland stationierten Sprengköpfe darauf programmiert, auf deutschem Boden zu explodieren. Unabhängig von allem anderen würde ein derartiger Beschluss zu einer bedeutenden Veränderung des atlantischen Sicherheitssystems führen, welches die Grundlage der deutsch-amerikanischen Beziehungen darstellt.«[9]

Die deutsche Öffentlichkeit diskutierte vor allem die emotionale Bedeutung dieser Pläne – nach dem Motto »Je kürzer die Strecke, desto toter die Deutschen!« – und weniger das Spannungsverhältnis zwischen Reagans SDI-Plänen und der Reaktion der Sowjetunion darauf. Dessen Bedeutung wurde nachhaltig missverstanden oder ignoriert, während drei andere Ereignisse eine größere öffentliche Bedeutung erlangten: der nukleare Unfall in Tschernobyl, die sowjetische Entscheidung, sich aus Afghanistan zurückzuziehen, und der Abschluss des Abkommens über Nuklearwaffen mittlerer Reichweite (INF) im Dezember 1987 in Washington.

Die Fax Revolution

In dem James Bond-Film »Der Morgen stirbt nie« (1997) verkündet der Held, dass »Wörter die neuen Waffen, Satelliten die neue Artillerie« seien. Beide Beobachtungen treffen auf die achtziger Jahre zu, auch wenn der Ausdruck »Fax Revolution« erst gegen Ende des

Jahrzehnts in Gebrauch kam und schnell von dem Begriff »Informationszeitalter« ersetzt wurde. Auf jeden Fall fand in der Kommunikations- und Informationstechnologie eine Revolution statt.

Diese Revolution hatte zwei wesentliche Aspekte: Zum einen enthüllten Satellitenfotos Geheimnisse, konnten Faxgeräte nicht mehr kontrolliert werden und ermöglichten kreisende Satelliten die Live-Übertragung von Fernsehnachrichten in die ganze Welt. Zum anderen brach die Kommunikationsrevolution das Informationsmonopol, das lange von den Regierungen der Diktaturen gehalten wurde. Sie führte zu einer Erosion der Informationskontrolle durch die Regierungen und beeinflusste unmittelbar das Ergebnis des Kalten Krieges.

In Mitteleuropa und in der Sowjetunion hatten die Diktaturen geschlossene Gesellschaften geschaffen, für die der freie Zugang zu Informationen eine Bedrohung darstellte. Die kommunistischen Regierungen behinderten mit Störsendern Radioübertragungen aus dem Westen, zensierten Fernsehprogramme und kontrollierten Zeitungen, Zeitschriften und Bücher. Fotokopiergeräte wurden unter Verschluss gehalten. Die Netzwerke der Regierungsinformanten sorgten dafür, dass Empfangsgeräte für Satellitenprogramme der Polizei bekannt wurden. Schnurlose Telefone waren illegal. Detaillierte und genaue Informationen waren also schwer zu bekommen und umso schwerer zu verteilen.

Als Gorbatschow 1985 die Führung der sowjetischen Regierung übernahm, kamen die ersten Faxgeräte auf die amerikanischen Märkte, während es in den kommunistischen Ländern überhaupt keine in privatem Besitz gab. Mitte der achtziger Jahre besaß fast jeder amerikanische Haushalt ein Telefon. In der Sowjetunion mit etwa der gleichen Bevölkerungszahl von circa 280 Millionen Menschen hatten lediglich 12 Millionen Familien ein Telefon. 1984 wurden in den USA fünf Millionen Computer für den privaten Gebrauch zum Verkauf angeboten. In der Sowjetunion waren 1986 – im Jahr von Tschernobyl und Reykjavik – nur 2.000 Computer auf dem Markt erhältlich und ihr Verkauf wurde kontrolliert.[10] Wie sollte die sowjetische Regierung in einer modernen Welt konkurrieren, von der sie sich selbst zunehmend isolierte? Die Antwort lautet natürlich, dass dies unmöglich war, und die logischen Konsequenzen waren der politischen Führung bewusst.

Die technologische Entwicklung überholte Schritt für Schritt die politische Kontrolle der Diktaturen. Das dramatischste Beispiel lieferte eine Hochleistungssatellitenkamera: Am 26. April 1986 schmolz der Kern eines der vier Reaktoren in Tschernobyl und radioaktiver Dampf konnte entweichen. Die sowjetische Regierung hielt den Vorfall geheim, aber schwedische Messgeräte für radioaktive Strahlung entdeckten einen unerklärbaren Anstieg von Radioaktivität. Auf eine schwedische Anfrage hin bestätigte die sowjetische Regierung den Unfall am 28. April, gab aber keine weiteren Details bekannt. Während Gorbatschow bis zum 14. Mai wartete, bevor er die sowjetische Bevölkerung im Fernsehen und dann auch nur spärlich informierte, war der Rest der Welt bereits zwei Wochen zuvor im Besitz detaillierterer Informationen über die tatsächlichen Ausmaße des Unfalls gewesen. Das private schwedische Unternehmen Space Media Network hatte am 29. April 1986 Satellitenfotos von dem französischen Satelliten Konsortium Spot-sat erhalten, die einen Reaktorbrand darstellten.[11] Gorbatschow erkannte die Signifikanz des Vorfalls und seine Bedeutung für die Weltöffentlichkeit: Die »offene und freie Welt« hatte die Wahrheit enthüllt, während die »geschlossene kommunistische Welt« sie nicht geheimhalten konnte. Ebenso klar war die Botschaft in Bezug auf die Gefahr nuklearer Waffen: Welche Katastrophe wäre geschehen, wenn statt des Reaktorunfalls eine Cruise Missile versehentlich und ohne die Möglichkeit, sie in der Luft zu stoppen, Richtung Chicago gestartet worden wäre?

Ein Jahr nach Tschernobyl fand eine bemerkenswerte private Unterhaltung zwischen Shultz und Schewardnadse statt. Der sowjetische Außenminister bestätigte im September 1987, dass die sowjetischen Truppen sich aus Afghanistan zurückziehen würden. Damit war die neue Politik der UdSSR offensichtlich. Der Rückzug, so konstatierte Shultz, bedeute »eine klare Abweichung von der Breschnew-Doktrin«.[12] Gleichzeitig fragte er sich, wie die Konsequenzen für Europa aussahen.

Drei Monate später, im Dezember 1987, wurde das INF-Abkommen in Washington unterzeichnet – das erste seiner Art zwischen den Supermächten. Damit war viel erreicht worden: Es machte die Friedensbewegung unglaubwürdig und bewies eine außerordentliche geistige Übereinkunft zwischen zwei führenden Staatsmännern, die sich in Washington, als Gorbatschow Reagan bat, ihn nicht mehr als Generalsekretär, sondern als Präsident anzusprechen, manifestierte.

In der Sowjetunion hatten sich bereits im Sommer 1987 die Folgen der politischen Öffnung und des Umbaus eines ruinierten wirtschaft-

lichen Systems bemerkbar gemacht. Die Konzepte »Glasnost« und »Perestroika« hatte Gorbatschow in seinem Werk »Perestroika – Die zweite russische Revolution. Eine neue Politik für Europa und die Welt«[13] dargelegt. Die sowjetische Regierung ließ es schon im November 1987 in alle bedeutenden Sprachen übersetzen.
Der Direktor des sowjetischen Raumfahrtforschungszentrums, Roald Sagdejew, teilte der sowjetischen Akademie der Wissenschaften – und dies gewiss nicht zufällig – im Herbst 1987 mit,»dass es keinen weiteren Fortschritt geben werde, solange man nicht aufhöre, ›Kopiergeräte wie Klassenfeinde zu behandeln‹«.[14] Shultz äußerte sich über die Folgen der Kommunikationsrevolution in einer bemerkenswerten Rede vor dem World Affairs Council in Washington im Dezember 1987:

» (. . .) Herr Gorbatschow und seine Kollegen haben erkannt, dass eine geschlossene Gesellschaft eine Sackgasse für moderne Entwicklung ist. Das Konzept ›Glasnost‹ enthält die Erkenntnis, dass der freie Fluss der Ideen und Informationen, welcher der Treibstoff jedes zukünftigen Wachstums ist, größere intellektuelle und politische Freiheit benötigt.«[15]

Die veränderten Technologien zerbrachen eine der beiden Säulen der Diktatur – die Kontrolle über den Zugang zu und den Austausch von Informationen –, während die andere Säule – die überzeugende Kraft massiver militärischer Macht – intakt blieb. Aber konnte militärische Gewalt weiterhin ein effizientes Mittel der Unterdrückung in Ostdeutschland sein, wenn ihr Gebrauch im Fernsehen live verfolgt werden konnte – von Familien, die in Bonn, Berlin oder Leipzig am Küchentisch saßen?

Logische Schlussfolgerungen

Wenn es Ende 1986 noch Zweifel daran gegeben hatte, so war Mitte 1987 völlig klar geworden, dass Gorbatschow und seine Berater das »Europäische Haus« mit völlig anderen Augen sahen als ihre Vorgänger. Das Tagebuch Anatoli Tschernjajews, einer der engsten Berater Gorbatschows, gibt diese Perspektive wieder: Gorbatschow habe, so Tschernjajew, erst nach Reykjavik erkannt, »dass Westeuropa unser Hauptpartner ist.« Nach seinem Treffen mit Margret Thatcher im April 1987 habe Gorbatschow die Frage beschäftigt, ob die sowjetische Regierung sich tatsächlich genug mit Europa auseinandersetze und den Kontinent richtig verstehe. Er sei sich darüber im Klaren gewesen, »dass ohne Europa keines der Probleme gelöst werden könne.« Daraus zieht Tschernjajew folgenden Schluss: »Ich bin sicher, dass sein persönliches Wissen über Europa und sein Verständnis für dessen bedeutende Rolle für den Erfolg von ›Perestroika‹ und der auswärtigen Politik des ›Neuen Denkens‹ sowie sein Vertrauen in viele einflussreiche europäische Politiker Gorbatschow später halfen, der deutschen Wiedervereinigung zuzustimmen.

(. . .) In seinem Herzen war er sogar zu dieser Zeit davon überzeugt, dass ohne die Lösung der ›deutschen Frage‹ und ohne die Wiederherstellung historisch gewachsener normaler Beziehungen zwischen den beiden großen Völkern eine Verbesserung in Europa oder im Rest der Welt unmöglich sei.«[16]

Timothy Garton Ash stellte 1993 zu Recht fest, dass »rückblickende Aussagen« über die Gedanken und Pläne sowjetischer Staatsmänner kein großes Gewicht hätten: »Ohne umfangreiche dokumentarische Belege und Quellen sind diese sehr weitsichtigen und teilweise betörenden Aussagen oftmals nicht mehr als Erklärungsversuche von Politikern, die erst aus der Rückschau verfasst wurden.«[17]

Seit 1993 ist die Forschung allerdings einen bedeutenden Schritt vorangekommen, vor allem durch Hannes Adomeits hervorragende Arbeit über »Gorbachev, German Unification, and the Collapse of Empire« (1994). Ebenso kann die Studie über Staatskunst von Philip Zelikow und Condoleezza Rice mit dem Titel »Germany Unified and Europe Transformed« (1995) erwähnt werden.

Dennoch gibt es noch viel Material auszuwerten. So arbeiten die Hoover Institution und die Gorbatschow Stiftung derzeit gemeinsam an einem »oral history«-Projekt mit dem Titel »Das Ende des Kalten Krieges«. Obwohl der Zugang zu den Akten immer noch beschränkt ist, konnte der Leiter des Projekts bereits berichten, dass das sowjetische Außenministerium schon im Februar 1986 Pläne für den Rückzug aus Afghanistan ausgearbeitet habe. 1987 wurde Schewardnadse ein Memorandum über den Rückzug der sowjetischen Streitkräfte aus Osteuropa vorgelegt und im gleichen Jahr arbeitete der KGB einen Vorschlag für eine Wiedervereinigung in Deutschland aus. Gorbatschow selbst brachte die Frage nach der Lösung des »deutschen Problems« bereits im Mai 1987 in einer politischen Konferenz der Mitgliedstaaten des Warschauer Paktes ins Gespräch.[18]

Das Problem mündlicher Geschichtsüberlieferung besteht natürlich darin, dass sie oft einen Selbstzweck erfüllt: die Darlegung der Wahrheit im Nachhinein. Dennoch kann man fairerweise zugeben, dass einige der Ergebnisse für sich selbst sprechen. Als Gorbatschow 1985 sein Amt antrat, stand die Sowjetunion kurz vor dem Bankrott. Die Militärausgaben gerieten immer mehr außer Kontrolle, die Wirtschaft war ein Scherbenhaufen. Der Countdown einer ökonomischen Katastrophe lief bereits. Reykjavik, Tschernobyl, Afghanistan und das INF-Abkommen verdeutlichten den notwendigen Handlungsbedarf.

Daher war es keine große Überraschung, wie Gorbatschow im Dezember 1988 während eines Mittagessens mit Reagan und seinem Nachfolger George Bush den einseitigen Abzug von 500.000 Soldaten und ausgewählten Panzerdivisionen aus Osteuropa begründete. Er sagte einfach: »Ich tue dies nicht aus Imagegründen (...). Ich tue dies, weil ich muss. Ich tue dies, weil in meinem Land eine Revolution stattfindet.«[19] Das Ende der Amtszeit Reagans fiel zusammen mit dem letzten Akt des Kalten Krieges. Das Ende der deutschen Teilung lag in der Luft und viele von uns konnten es bereits spüren.

Viele von uns wussten auch, dass die »Fax Revolution«, das »Informationszeitalter« – wie immer wir es nennen möchten – in den Diktaturen kein Zuhause finden konnte. Ohne mehr Freiheiten, ohne Reformen würde die kommunistische Welt im Kalten Krieg des wirtschaftlichen Wettbewerbs und der politischen Partnerschaften immer weiter zurückfallen. Die amerikanische Wissenschaftlerin Judy Shelton erkannte bereits 1987, was unvermeidlich schien, und veröffentlichte 1989 ein Buch mit dem Titel »The Coming Soviet Crash. Gorbatschev's Desperate Pursuit of Credit in Western Financial Markets«. Wir wussten jedoch weder wieviel Zeit bis dahin übrig blieb noch wie die Europäer selbst die Barrieren zwischen Ost und West einreißen würden.

Glasnost bedeutete gleichsam die »Quadratur des Kreises«; denn es war unmöglich, eine geschlossene Gesellschaft zu öffnen und gleichzeitig ihr Verhalten zu kontrollieren. Der Verlust des Informationsmonopols der Regierungen war die Todesanzeige der Diktatur. Sie wurde auf Computern geschrieben, von Satelliten übertragen, auf Fotokopierern vervielfältigt und von Faxgeräten verteilt.

Die Offenheit befreite die Menschen. Dieser einfache und klare Umstand wurde von Bush anlässlich des 40. Jubiläums der NATO im Mai 1989 in Westdeutschland in prophetischer Weise vorhergesagt: »(...) Glasnost mag ein russisches Wort sein, aber Offenheit ist ein westliches Konzept (...) also bringt Glasnost nach Ost-Berlin.«[20]

Am 6. Oktober 1989 reiste Gorbatschow nach Ost-Berlin, um den 40. Jahrestag der DDR zu feiern. Tatsächlich folgte er Bushs Ratschlag in seinem berühmt gewordenen Interview. Viele von uns erinnern sich noch an seine Antwort auf die spontane Frage der Reporter, ob er die Situation in Ostdeutschland für gefährlich halte:

» (...) Mit unseren Schwierigkeiten darf ich das gar nicht vergleichen. Uns kann man schon mit nichts mehr in Erstaunen versetzen. Wir sind da schon gestählt. (...) Ich glaube, Gefahren warten nur auf jene, die nicht auf das Leben reagieren. Wer die vom Leben und von der Gesellschaft ausgehenden Impulse aufgreift und dementsprechend seine Politik gestaltet, der dürfte keine Angst vor Schwierigkeiten haben. Das ist eine normale Erscheinung.«[21]

Die logische Schlussfolgerung aus dieser »normalen Erscheinung« Gorbatschows erhielt am 9. November 1989 eine reale und symbolische Bedeutung, als die Berliner Mauer geöffnet wurde und die ganze Welt dies am Fernsehen »in Echtzeit« verfolgen konnte.[22] Der Anblick der Ostberliner, die durch den Checkpoint Charlie strömten, wirkte wie eine emotionale Botschaft des Wertes Freiheit und gleichzeitig wie eine machtvolle Demonstration der Kommunikationsrevolution. Die Berliner, die um Mitternacht auf den Straßen feierten, riefen jedesmal, wenn ein Bus mit Werbung für Wodka Gorbatschow an ihnen vorbeifuhr: »Gorbi! Gorbi!«

Über die Freudenfeste dieser Novembertage wurde der historische Prozess der achtziger Jahre und dessen Führung durch einen einzigartigen Menschen, der mittlerweile zurückgezogen in Kalifornien lebt, fast vergessen. Ronald Reagan hatte seine Überzeugungen mit großem Mut verfolgt und die Macht der Freiheit hatte letztendlich gesiegt. Michail Gorbatschows kühner Versuch, die Sowjetunion zu öffnen und zu reformieren um sie zu retten, war gescheitert. Beide Staatsmänner waren in weit voneinander entfernten Ländern zu Hause und beherrschten die Sprache des anderen nicht. Aber sie hatten gemeinsam eine Revolution gemacht!

Der Rest, so besagt das alte Klischee, ist Geschichte; doch an dieser Stelle folgt ein Epilog:

In der Nacht des 9. November 1989 ging eine Cabaret-Sängerin aus dem sowjetischen Sektor zur Ecke Kurfürstendamm und Meineckestrasse. Sie war auf der Suche nach einem Westberliner Rechtsanwalt, der ihr und ihren Kindern in den achtziger Jahren schon einmal geholfen hatte. Das Haus war dunkel. Sie hinterließ einen Zettel an der Tür, auf dem zu lesen war: »Ihr verpennt die Geschichte.« Heute sind die Cabaret-Sängerin aus Ost-Berlin und der Rechtsanwalt aus West-Berlin verheiratet. Sie leben in der Hauptstadt Deutschlands.

Anmerkungen

1 Murphy, Robert, Auszug aus seinen Ratschlägen zu dem Thema Deutschland für den amerikanischen Außenminister vom 30. März 1949.
2 Bark, Dennis L./Gress, David R., *A History of West Germany: Democracy and Its Discontents 1963–1991*, Bd. II, Oxford 1993, S. 333.
3 Ders., S. 473.
4 Tschernjajew, Anatoli, Auszüge in Übersetzung aus seinen Memoiren *Shest' let s Gorbachevym*, Moskau 1993, in der Zelikow/Rice Sammlung der Hoover Institution.
5 Meese, Edwin, III, *The Man Who Won the Cold War*, in: Policy Review, Sommer 1992, S. 38.
6 Ders., S. 39.
7 Ders., S. 37.
8 Vgl. das Zitat bei Meese E., III, S. 38.
9 Vgl. das Zitat bei Bark/Gress, S. 482.
10 Ganley, Gladys D., *Unglued Empire: The Soviet Experience with Communications Technologies*, Norwood/New Jersey 1996, S. 17 und 29.
11 Die Bilder bewiesen außerdem, dass die anderen drei Reaktoren abgeschaltet worden waren, da keine Dampfwolken von den Kühltürmen aufstiegen. SPOT (Systeme Probatoire pour Observation de la Terre) hatte das gesamte Projekt im Februar 1986 in Zusammenarbeit mit Unternehmen in Schweden und Belgien und mit Unterstützung der französischen Regierung begonnen. Vgl. Ganley, Gladys D., S. 53–55.
12 Shultz, George P., *Turmoil and Triumph*, New York 1987.
13 Gorbatschow, Michail, *Perestroika – Die zweite russische Revolution. Eine neue Politik für Europa und die Welt*, Bonn 1990.
14 Ganley, Gladys D., S. 29.
15 Shultz, George P., *National Success and International Stability in a Time of Change*, in: Anderson, Anneliese/Bark, Dennis L. (Hg.), *Thinking About America: The United States in the 1990s*, Stanford 1988, S. 524 ff.
16 Tschernjajew, Anatoli, Auszüge in Übersetzung aus seinen Memoiren *Shest' let s Gorbachevym*, Moskau 1993, in der Zelikow/Rice Sammlung der Hoover Institution.
17 Garton Ash, Timothy, *In Europe's Name*, New York 1993, S. 109; dt. Ausgabe: *Im Namen Europas. Deutschland und der geteilte Kontinent*, München 1993.

18 Hahn, Gordon, *Summary Report on His Trip to Moscow for the Hoover Institution*, 2 September–15 November 1998.
19 Meese, E., III, S. 39.
20 Vgl. das Zitat bei Bark/Gress, S. 580. Für die Diskussion des Gebrauchs der Begriffe »Glasnost« und »Perestroika« durch die sowjetische Regierung vgl. ders., S. 465–474 und 568–587. Vgl. außerdem die hervorragende Studie von Thom, Françoise, *Le Moment Gorbachev*, Paris 1989.
21 Spiegel TV, *Eine zeitgeschichtliche Dokumentation über den Wandel in der DDR 1989–90*.
22 Am Nachmittag des 9. November 1989 erhielt ich einen Telefonanruf in meinem Büro in der Hoover Institution. Er kam von einem Fernsehsender in San Francisco. Man teilte mir mit, dass die Mauer in Berlin geöffnet worden sei, und fragte mich, ob ich am Abend einen Kommentar in den 23.00 Uhr-Nachrichten geben könne. Die Nachrichten begannen mit der Live-Übertragung von Deutschen, die auf der Mauer standen, mit Vorschlaghammern darauf einschlugen und »Freiheit!« riefen. Die Ortszeit in Berlin war 8.00 Uhr am nächsten Morgen. Nach circa 15 Sekunden wurde ich angesagt. Eine der beiden Nachrichtensprecherinnen, Kate Kelly, fragte mich: »Was hat das alles zu bedeuten, Dr. Bark?« Ich war völlig überwältigt. Tränen liefen mir übers Gesicht und ich brauchte mehrere sehr lange Sekunden, bevor ich überhaupt sprechen konnte. Das war mein erster Kontakt mit der »Echtzeit« im Fernsehen. Ich habe es nie vergessen.

Diskussion

Moderator: Klaus Hildebrand

Klaus Hildebrand
Dennis Bark, Politikwissenschaftler und Historiker, ist Senior Fellow an der Hoover Institution on War, Revolution and Peace und hat sich mit diesem Vortrag bereits auf das Anschaulichste vorgestellt. Das Gesamte steht in einer wissenschaftlichen Perspektive, die er seit langem verfolgt. Sein Buch über die Berlin-Frage ist ebenso bekannt wie seine mehrbändige Geschichte Westdeutschlands beziehungsweise der Bundesrepublik und seine Betrachtungen über ein halbes Jahrhundert amerikanisch-deutscher Beziehungen, die das Verhältnis zwischen der alten und der neuen Welt vom Beginn des Kalten Krieges bis in die siebziger Jahre nachzeichnen.

Jacques Bariéty ist Professor für Geschichte an der Pariser Sorbonne und nicht nur ein ausgezeichneter Kenner der deutschen Geschichte, sondern auch ein ausgesprochener Freund der Deutschen. Aus seinen zahlreichen Werken nenne ich nur seine Darstellung über die französisch-deutschen Beziehungen vom Ende des Ersten Weltkrieges bis Mitte der zwanziger Jahre und sein zusammen mit Raymond Poidevin verfasstes großes Werk über die französisch-deutschen Beziehungen vom Wiener Kongress bis in die siebziger Jahre unseres Jahrhunderts. Jacques Bariéty ist Mitherausgeber der französischen Aktenreihe »Documents diplomatiques français« und seit vielen Jahren historischer Berater des französischen Außenministeriums.

Hannes Adomeit, Experte für Außen- und Sicherheitspolitik Russlands und bis vor zwei Jahren Professor an der bekannten Fletcher School of Law and Diplomacy in Boston, arbeitet bei der Stiftung Wissenschaft und Politik in Ebenhausen. Wichtig in unserem Zusammenhang aus der sehr langen Liste seiner einschlägigen Veröffentlichungen sind seine Darstellung über die Sowjetmacht in internationalen Krisen und Konflikten, eine Darstellung über die

Sowjetunion unter Gorbatschow und sein neuestes und maßgebliches Werk »Imperial Overstretch: Germany in Soviet Policy from Stalin to Gorbachev« (1998).

Christian Hacke ist Professor für internationale Politik an der Universität der Bundeswehr in Hamburg und bekannt durch eine Vielzahl von Publikationen zur deutschen und amerikanischen Außenpolitik in der Nachkriegsgeschichte, beispielsweise zur Ära Nixon und Kissinger. Besonders hervorzuheben sind seine Werke »Zur Weltmacht verdammt. Die amerikanische Außenpolitik von Kennedy bis Clinton« (1997) und »Weltmacht wider Willen. Die Außenpolitik der Bundesrepublik Deutschland« (1997).

Zum Ersten: In dieser Sektion unseres wissenschaftlichen Symposions von den außenpolitischen Bedingungen der deutschen Einheit zu sprechen, bedeutet nicht, ihre innenpolitischen Voraussetzungen zu übersehen oder gar gering zu schätzen. Sie werden im Verlauf der Tagung selbstverständlich berücksichtigt. Die Frage, in welchem Verhältnis beide Elemente gemischt waren, wird die Geschichtswissenschaft und die Politologie mit Sicherheit noch lange beschäftigen.

Zum Zweiten sollten wir uns nicht allzu lange damit aufhalten, den umgangssprachlichen Begriff der »Supermächte« hin und her zu wenden oder ihn gar zu definieren. Die Vereinigten Staaten von Amerika und die Sowjetunion waren, das ist wohl unbestritten, die weltpolitischen Potenzen während der Dekaden nach dem Ende des Zweiten Weltkrieges, auf die es ankam – in globaler, in europäischer und in deutscher Perspektive. Sie spielten im 20. Jahrhundert das große Spiel um die Vormacht in der Welt, das wir im 19. Jahrhundert als »The Great Game« der Briten und Russen beobachten können. Seit Athen und Sparta im europäischen Kulturkreis dieses Schauspiel machtpolitischer Konkurrenz eröffnet haben, beschreibt es ganz einfach ein historisches Grundmuster der Weltgeschichte, das sich in zahlreichen Variationen durch die Jahrhunderte wiederholt hat. In unseren Tagen waren Amerikaner und Sowjets seine Protagonisten und die Zeitgenossen sprachen ebenso wie ihre antiken Vorfahren mit einer Mischung aus Bewunderung und Schauder von den Supermächten, die sich angesichts ihrer Vernichtungsmöglichkeiten von anderen Mächten sichtbar abhoben.

Dennis Bark hat, das ist der dritte Punkt, in seinem Vortrag die klassische Frage der Historiker nach der Notwendigkeit oder dem Zufall eines geschichtlichen Ereignisses aufgeworfen und beantwortet. Was den historischen Prozess auf dem Weg zur Einheit insgesamt angeht, so erscheint ihm sein Ausgang zu keiner Zeit fraglich gewesen zu sein. Das weltanschauliche und materielle Zivilisationsangebot des American way of life, die ökonomische Dynamik, die technische Überlegenheit der freien Welt und schließlich die antagonistische Harmonie der westlichen Strategie – zusammengesetzt aus einer Politik der Stärke und einer Politik der Détente – sprechen für das Ergebnis der Geschichte im Großen.

Die Entwicklung aber, der Vollzug, der Ablauf der Ereignisse im Einzelnen hat dagegen maßgeblich mit den Entscheidungen und dem Handeln der Personen zu tun, die verantwortlich waren. Gorbatschow und Reagan sind bevorzugt als diejenigen genannt worden, die im historischen Prozess die politische Initiative ergriffen haben. Diese beiden Repräsentanten haben vor dem Hintergrund dessen, was sich mit beinahe überpersönlicher Wahrscheinlichkeit zu vollziehen schien, die historischen Entscheidungen getroffen, die zur Zeitenwende des Jahres 1989/90 geführt haben. Wenn das so gewesen ist, dann beinhalten ihr Entscheidungsverhalten und ihr Entscheidungshandeln per definitionem aber auch, dass sie ganz anders hätten agieren können. Dann stellt sich die Frage nach der Existenz historischer Alternativen: Hat sich die Geschichte der Staatenwelt so entfaltet, haben sich die außenpolitischen Bedingungen der deutschen Einheit so entwickelt, haben die Supermächte mit jener definitiven Geschichtsmächtigkeit gehandelt, die Dennis Bark uns anschaulich, fast zwingend vor Augen geführt hat – oder war es vielleicht ganz anders?

Jacques Bariéty
Welche Rolle spielte die französische Politik? Gab es überhaupt eine französische Politik in dieser Sache der deutschen Wiedervereinigung? Es ist schwer, eine solche Frage zu beantworten, weil wir Historiker erst gut arbeiten können, wenn wir Archive zur Verfügung haben. Die französischen Archive sind für die Jahre 1989 und 1990 jedoch bis 2019 und 2020 gesperrt. Was ich weiß, stammt aus deutschen Archiven (»Deutsche Einheit«, Sonderedition aus den Akten des Bundeskanzleramtes 1989–1990), aus bekannten Werken über die deutsche Vereinigung – wie das Werk »Außenpolitik für die deutsche Einheit« (1998) von Werner Weidenfeld u. a. und das »Handbuch zur deutschen Einheit« (1993) von Werner Weidenfeld und Karl-Rudolf Korte, die nicht nur in den deutschen, sondern

auch in den amerikanischen und sowjetrussischen Archiven forschen konnten –, aus der Erinnerungsliteratur (Kohl, Védrine, Attali), aus wissenschaftlichen Veröffentlichungen von Forschungen an französischen Universitäten und aus dem, was man hier und da hört. François Mitterrand hat zur Zeit seiner Präsidentschaft ein Institut gegründet: das Institut François Mitterrand, das seinen Sitz in Paris hat. Dort soll sich viel Material befinden – angeblich Personalakten, aber vermutlich auch eine große Anzahl von Staatspapieren. Bis jetzt haben anscheinend nur politische Freunde und Eingeweihte in diese Bestände einsehen können. Für die wissenschaftliche Forschung bleiben diese Bestände der französischen Gesetzgebung untergeordnet, die, wie die deutsche, eine Sperre von 30 Jahren vorsieht.

1989 war für Mitterrand zunächst das Gedächtnisjahr der großen französischen Revolution von 1789. Die deutsche Frage, die sich so plötzlich im Sommer 1989 stellte, hat Mitterrand in seinen politischen Plänen im Grunde gestört. Als Gorbatschow am 9. Juli 1989, fünf Tage vor der großen Feier vom 14. Juli, zu Besuch nach Paris kam, nahm Mitterrand offen für den Fortbestand zweier deutscher Staaten Stellung als »realistische Folge des Zweiten Weltkrieges«. Er trat einerseits für das Selbstbestimmungsrecht der Völker ein, wollte aber andererseits das europäische Gleichgewicht bewahren. Im Sommer 1989 ruhte die deutsche Frage in der französischen Politik. Die Ausreisewelle aus der DDR rief in Frankreich keine besondere Reaktion hervor. Am 2. und 3. November 1989 fand ein deutsch-französisches Gipfeltreffen in Bonn statt. Mitterrand bezeichnete die Entwicklung als »imprévisible«; keine gemeinsame deutsch-französische Entscheidung wurde getroffen. Plötzlich kam die Nacht vom 9. zum 10. November. Mitterrand befand sich mit Außenminister Roland Dumas in Kopenhagen zum Staatsbesuch. Die Maueröffnung war für Mitterrand eine totale Überraschung. Kürzlich habe ich persönlich Dumas darüber sprechen gehört: Mitterrand überlegte, ob er schon am Abend des 9. November nach Paris zurückkehren sollte, flog aber erst am nächsten Tag. Die erste Reaktion Mitterrands war: Wir müssen eine Linie finden und zunächst mit unseren Partnern, der Europäischen Gemeinschaft, sprechen und dann mit Gorbatschow. Er sprach nicht von den Amerikanern. Mitterrand erhielt am 10. November ein Memorandum von Gorbatschow. Was darin stand, weiß ich nicht. Mitterrand suchte nun das Gespräch mit Gorbatschow.

Am 18. November empfing Mitterrand die elf Partner Frankreichs – die Regierungschefs der EU-Staaten und den Präsidenten der Europäischen Kommission Jacques Delors – anläßlich eines großen Dinners im Élysée-Palast. Bundeskanzler Helmut Kohl war natürlich ebenfalls anwesend, zeigte sich jedoch nicht sehr zufrieden. Am 28. November 1989 präsentierte er völlig überraschend seinen Zehn-Punkte-Plan im Bundestag. Mitterrand war wütend auf Kohl, denn obwohl er am 27. November noch einen persönlichen Brief von ihm bekommen hatte, wusste er nichts davon – allerdings nicht nur er, selbst Genscher war nicht eingeweiht. Kohl hatte lediglich Präsident Bush informiert. Die Reaktion Mitterrands war sehr heftig; Kohl versuchte umsonst, Mitterrand bei einem Treffen der NATO in Brüssel am 4. Dezember zu beruhigen – umsonst. Mitterrand stellte die Frage der deutsch-polnischen Grenze als Vorfrage zur Diskussion der Frage nach der Vereinigung Deutschlands.

Am 6. Dezember flog Mitterrand nach Kiew um Gorbatschow zu treffen. Es gibt Anlass zu vermuten, dass er erwartete und hoffte, dass Gorbatschow Nein zur Wiedervereinigung sagen würde. Doch Mitterrand bekam von Gorbatschow dieses Nein nicht zu hören.

Am 9. Dezember fand anlässlich eines Gipfels des Europäischen Rates in Straßburg ein neues Treffen zwischen Mitterrand und Kohl statt. Eine erste Entspannung stellte sich ein: Der Rat erklärte sich mit der Wiedervereinigung einverstanden – unter »Bedingungen«. Man sprach von einer Währungsunion und der politischen Einigung Europas. Kohl fühlte sich allerdings »wie vor Gericht« und Mitterrand bestätigte, dass er einer Einladung der DDR zum Staatsbesuch demnächst Folge leisten würde.

Vom 20. bis 22. Dezember war Mitterrand Gast der DDR, einziger Staatsbesuch eines westlichen Staatsoberhauptes in der Geschichte der DDR. Mitterrand kam in Begleitung einer großen Anzahl von Ministern, darunter Außenminister Roland Dumas, Wirtschafts- und Finanzminister Pierre Beregovoy, Industrieminister Roger Fauroux und Kulturminister Jack Lang. Durch die Archive der ehemaligen DDR ist uns der Inhalt der Gespräche bekannt; die Akten beweisen, dass die französische Regierung zu der Zeit mit einem Weiterleben der DDR rechnete: Die französische Republik und die DDR unterzeichneten in Ost-Berlin vier Abkommen über eine wirtschaftliche und kulturelle Kooperation. Diesmal war Kohl tief bestürzt. Er lud Mitterrand ein, am nächsten Tag das Brandenburger Tor an seiner

Seite zu durchschreiten. Mitterrand lehnte die Einladung ab und flog direkt von Ost-Berlin nach Paris zurück. Erst Anfang 1990 änderte sich Mitterrands Stimmung: Am 15. Februar teilte der französische Präsident dem deutschen Bundeskanzler mit: »Mit der Wiedervereinigung bin ich einverstanden.«

Klaus Hildebrand
Jacques Bariétys Analyse der französischen Position betont das Unvermutete, Unvorhersehbare und Plötzliche. Daraus könnte man die Frage ableiten: War Frankreichs Bekenntnis zur Wiedervereinigung stillschweigend immer an das russische Nein gekoppelt? Eckart Lohse stellt in seinem Werk »Östliche Lockungen und westliche Zwänge: Paris und die deutsche Teilung« (1995) diese These auf.

Hannes Adomeit
Zum Thema »Sowjetunion und die deutsche Wiedervereinigung« ist die Archivlage nicht so schlecht. Jacques Bariéty hat davon gesprochen, dass es zu den Gesprächen zwischen Mitterrand und der DDR-Führung Archivmaterial gibt. Die Protokolle der Gespräche zwischen Mitterrand und Gorbatschow in Kiew sind von der Gorbatschow Stiftung publiziert worden. Sehr nützlich und brauchbar sind vor allen Dingen die Parteiarchive der SED, die heute unter der Regie des Bundesarchivs stehen. Dort befinden sich sämtliche Aufzeichnungen der Gespräche, die zwischen Honecker und Gorbatschow sowie zwischen Egon Krenz und Gorbatschow am 1. November 1989 in Moskau stattgefunden haben. Soweit ich weiß, kommt es in der Geschichtsforschung nicht oft vor, dass man in der Lage ist, Dokumente, die noch bis vor kurzem streng geheim waren, zu kopieren und die wesentlichen Entscheidungsträger, die in diesen Dokumenten auftreten, dazu zu befragen – wie in diesem Fall Egon Krenz: Was hat sich das Politbüro der SED bei diesem oder jenem Schritt gedacht? Wie sich herausstellt, haben nicht alle Entscheidungsträger gründlich nachgedacht, was einiges erklärt.

Dennis Bark hat in seinem Vortrag mit dem Jahr 1980 begonnen. Mit Blick auf die Sowjetunion und Gorbatschow kann man bis zum Mai 1975 zurückgehen. Im Monat des 30. Jahrestages der Kapitulation Deutschlands reiste Gorbatschow als Teilnehmer einer Delegation in die Bundesrepublik. Eine Episode spielte dabei eine so große Rolle, dass sie nicht nur in Gorbatschows Memoiren auftaucht, sondern immer wieder in Gesprächen mit Mitgliedern deutscher

Regierungsdelegationen: Die sowjetische Delegation hielt an einer Raststätte bei Mannheim. Der Inhaber der Tankstelle sprach Gorbatschow an und äußerte seine Verbitterung über die Teilung Deutschlands. Gorbatschow erklärte ihm daraufhin ausführlich, dass die Sowjetunion nicht schuld an der Aufteilung Deutschlands gewesen sei.

Nicht veröffentlicht ist das anschließende persönliche Gespräch zwischen Gorbatschow und Viktor Rykin, seinem damaligen Chefübersetzer, dem gegenüber Gorbatschow meinte, dass die Teilung Deutschlands im Grunde genommen künstlich sei und keinen Bestand haben könne. Rykin spielte des Teufels Anwalt und erwiderte, dass nicht unbedingt von »künstlich« die Rede sein könne. Im Laufe der deutschen Geschichte habe es viele einzelne deutsche Staaten gegeben, zum Beispiel heute noch ein Österreich, das völlig unabhängig sei und überhaupt keine Bestrebungen habe, wieder »heim ins Reich« zu kehren. Warum sollte es dann nicht eine DDR geben, die bereits heute viele Charakteristika der Stabilität aufweise und international verankert sei, beispielsweise mit ihrer Mitgliedschaft in den Vereinigten Nationen? Warum sollte diese Teilung nicht Bestand haben? Gorbatschow war anderer Meinung. Dieser Fall sei anders, insbesondere aufgrund des künstlich in diesem künstlichen Staat DDR befindlichen West-Berlins. Wie würden wohl die Einwohner Moskaus reagieren, wenn mitten durch Moskau eine Mauer liefe? Sie würden sich doch genauso wenig auf lange Sicht mit einer Teilung ihrer Hauptstadt und ihres Landes abfinden. Von den Deutschen sei das auch nicht zu erwarten.

Aus dieser Begebenheit leitet sich natürlich die interessante Frage ab: Gab es eine direkte Linie vom Mai 1975 bis zur Vereinigung Deutschlands? Meiner Meinung nach nicht, denn die praktischen Erfordernisse, die deutsche Teilung aufrechtzuerhalten, waren für Gorbatschow zwingend. Diese leiteten sich aus der ökonomischen, politischen und militärstrategischen Bedeutung der DDR ab und sie waren so fest im Bewusstsein Gorbatschows verankert, dass dieser für sich keinen Handlungszwang sah. An dieser Frage wollte Gorbatschow in absehbarer Zeit nicht rühren.

Bezeichnend dafür ist der Besuch Bundespräsident Richard von Weizsäckers im Juli 1987 in Moskau. Der Besuch fand im Grunde genommen noch in der Eiszeit der Beziehungen zwischen der Sowjetunion und der Bundesrepublik statt. Im Oktober 1986 hatte Bundeskanzler Helmut Kohl beispielsweise die »denkwürdige« Bemerkung gemacht, dass die propagandistischen Fähigkeiten Gorbatschows mit denen Josef Goebbels' durchaus vergleichbar seien. Auch dies hatte nicht gerade zu einer Verbesserung der deutschsowjetischen Beziehungen beigetragen. Vor diesem Hintergrund schnitt der Bundespräsident im Juli 1987 die deutsche Frage an. Darauf antwortete Gorbatschow, dass bei diesem Aspekt nur der politische, nämlich die fortbestehende Existenz zweier deutscher Staaten wichtig sei. Was in hundert Jahren geschehe, sei eine Angelegenheit der Geschichte.

Ich befand mich zu diesem Zeitpunkt ebenfalls in Moskau und unterhielt mich mit Vertretern sowohl der deutschen Botschaft als auch des sowjetischen Außenministeriums. Es gab zu dem letzten Satz Gorbatschows zwei Interpretationen:

- Wenn Gorbatschow sagt, die Geschichte wird entscheiden, heißt das, die deutsche Frage ist offen. Also gibt es hier Grund zu der Annahme, dass sich Moskau in dieser Frage bewegen wird.
- Die deutsche Frage interessiert Gorbatschow derzeit nicht besonders. Es ist für ihn keine Frage der aktuellen Politik, sondern der Geschichte, und der Horizont, den man vor Augen haben sollte, ist ein Jahrhundert.

Demgegenüber ist oft die These vertreten worden, im sowjetischen außenpolitischen Establishment und im KGB wären Vorschläge für die Wiedervereinigung gemacht worden. Ich habe aber keine Hinweise darauf gefunden, dass Gorbatschow oder irgendeine ernst zu nehmende Gruppierung vor den Ereignissen im November und Dezember zielgerichtet und energisch daraufhin gearbeitet hätten, das Problem der deutschen Wiedervereinigung aufzugreifen und zu lösen.

Es gab vier sowjetische Schulen zu diesem Thema: Eine Schule vertrat in der Tat die Ansicht, man solle auf dieses kommende Problem nicht nur im Nachhinein reagieren, sondern von vornherein Vorschläge für ein wirksames und gestaltendes Handeln ausarbeiten. Schule zwei plädierte für Flexibilität und schlug vor, das Problem im Rahmen eines Modus Vivendi und unter strikter Wahrung sowjetischer Sicherheitsinteressen zu diskutieren und auch auf deutsche Vorstellungen einzugehen, aber die Entwicklung im Wesentlichen erst einmal abzuwarten. Schule drei war ebenfalls nicht abgeneigt, das Problem zu diskutieren, aber zu keinen Konzessionen bereit. Die vierte Schule wollte überhaupt nicht an der Frage rühren. Meines Wissens gab es nur einen Vertreter der ersten Schule im sowjetischen außenpolitischen Establishment: Wjatscheslaw Daschitschew. Alle anderen Spezialisten – die Herren Germanisti im Außenministerium, im Verteidigungsministerium und in den Sicherheitsapparaten – waren strikt dagegen, die deutsche Frage auch nur im Ansatz gestaltend aufzugreifen.

Ich möchte gerne eine weitere These formulieren und sie zur Diskussion stellen. Dabei geht es um das Problem USA – Sowjetunion und um den Widerspruch zwischen ökonomischen und militärischen Anstrengungen – insbesondere von Seiten der Sowjetunion – sowie um die Interpretation, die USA habe die Sowjetunion durch Rüstung und Überrüstung zu Reformen und letzten Endes in den Untergang getrieben. Dennis Bark sieht darin einen großen Impetus für die Entwicklung. Mir scheint, im Nachhinein haben es alle gewusst: Der Zusammenbruch der Sowjetunion war voraussehbar und die Wiedervereinigung musste natürlich kommen. Damals hat es allerdings kaum jemand gewusst, zumindest hat kaum jemand etwas gesagt. Es heißt, es musste so kommen, weil es so gekommen ist. Das scheint mir mit Blick auf die Sowjetunion und Gorbatschow nicht richtig zu sein. Wir haben in China noch eine regierende kommunistische Partei und dieses System ist nicht dabei zusammenzubrechen. Was wäre denn gewesen, wenn beispielsweise Jurij W. Andropow nicht gestorben wäre? Man sollte also die Rolle der Persönlichkeit – hier Gorbatschow – in der Geschichte nicht vergessen!

Klaus Hildebrand
Hannes Adomeit hat auf die Kontingenz im politischen Geschehen hingewiesen. Das verweist auf das berühmte Problem der Nase der Kleopatra: Cäsars ägyptisches Unternehmen wäre anders verlaufen, wenn die Pharaonenherrscherin nicht so schön gewesen wäre.

Christian Hacke
Ergänzend zu dem Referat Dennis Barks darf ich zwei zusätzliche Informationen geben: Dennis Bark hat 1961 den Tod Peter Fechters an der Mauer miterlebt. Wir studierten damals in Berlin und kannten Fechter persönlich. Das war natürlich ein sehr einschneidendes Erlebnis für seine deutschlandpolitische Prägung. In den achtziger Jahren hat er als stellvertretender Direktor der Hoover Institution die Geschehnisse im Rahmen der Wiedervereinigung aus der zweiten

und dritten Reihe der Regierung Reagan nicht nur verfolgt, sondern zum Teil auch mit beeinflusst.

Das Überraschende und Entscheidende bei diesem Vereinigungsprozess war die Rolle der Vereinigten Staaten. Sie war absolut herausragend, für uns Deutsche berechenbar und ist nicht nur nach wissenschaftlichen Kriterien positiv zu beurteilen. Hinzu kommen ein politisches und ein emotionales Moment. Die Amerikaner haben nicht nur in dieser Periode 1989/90, sondern insgesamt in diesem Jahrhundert eine beruhigende und glückliche Rolle für unser Land gespielt. Das gilt für die Zeit nach dem Ersten Weltkrieg, als andere Länder in Westeuropa, zum Beispiel Frankreich, die Aufteilung Deutschlands wünschten, und für die Zeit nach dem Ende des Zweiten Weltkrieges, als die Amerikaner wiederum die Entscheidenden waren und, natürlich mit antikommunistischen Vorzeichen, eine Schlüsselrolle für die Deutschen spielten. Das gilt ebenso für die Zeit während und am Ende des Kalten Krieges, als die Regierung Bush mit großer Umsicht, mit Pragmatismus und Vorsicht den Vereinigungsprozess steuerte.

Im Grunde stimme ich Dennis Barks These zu, dass die Rolle Ronald Reagans herausragend war: Ich selbst war damals gegenüber SDI sehr ambivalent eingestellt. Heute aber wissen wir, dass das SDI-Programm letztlich ein Faktor war, mit dem Reagan das gesamte militärische und ökonomische Potenzial der Vereinigten Staaten gegenüber der Sowjetunion voll ausspielte. Dies hatte natürlich einen hohen Preis: Reagan rüstete mit SDI das eigene Land und die eigene Bildungsintelligenz krank. Der Gewinn dabei war jedoch, dass er die Sowjetunion »totrüstete«. Sie konnte nicht mehr mithalten. Diese Ambivalenz muss man sehen.

Die nachfolgende Regierung Bush zeichnete sich durch eine große Weitsicht aus, wobei wir nicht unterschlagen dürfen, dass es im nationalen Sicherheitsrat und anderswo Kräfte gab, die den Vereinigungsprozess aus taktischen Gründen zurückhaltend sahen. Bush setzte sich jedoch durch, vor allem als er bemerkte, wie die Deutschen selbst auf die Vereinigung hinsteuerten. Es ist wichtig zu sehen, dass dieses ein amerikanisches Jahrhundert war, das jetzt zu Ende geht, und dass die Amerikaner darauf hoffen, dass dieses vereinte und starke Deutschland in der Zukunft wieder ein entsprechender Ordnungsfaktor in der europäischen Politik sein wird.

»Männer machen Geschichte« – Männer machten tatsächlich Geschichte: Was wäre in Deutschland passiert, wenn wir einen sozialdemokratischen Bundeskanzler Lafontaine gehabt hätten? Da wären manche Dinge anders gelaufen, das wird man objektiv feststellen können. Die parteipolitische und personelle Konstellation spielte durchaus eine große Rolle.

Noch eine Anmerkung zur deutschen Lage: Ich erinnere mich sehr gut an eine Gesprächs- und Beraterrunde meines Freundes Horst Teltschik im Bundeskanzleramt im September 1989, in der die Frage aufkam: Wie soll sich Deutschland auf die Geschehnisse einstellen? Die Teilnehmer der Runde zeigten sich verunsichert und ratlos. Horst Teltschik murmelte etwas von strukturellen Bedingungen, die verändert werden müssten. Ich stotterte herum und sagte, man sollte vielleicht eine europäische Freiheitskonferenz initiieren. Allein Professor Wilhelm Greve, der bereits Berater Konrad Adenauers gewesen war, machte einen konkreten Vorschlag, nämlich noch einmal die alten Konföderationspläne der fünfziger Jahre anzuschauen. Ein anderer, der vielleicht nicht ganz so überrascht war wie die westdeutsche Führung insgesamt, war Außenminister Hans-Dietrich Genscher, der bei seinen Reden über Jahrzehnte hinweg immer wieder auf das Selbstbestimmungsrecht der Völker verwiesen hatte.

Auch ich bin der Ansicht, dass die Bevölkerung bei der Rede Ronald Reagans an der Mauer – »Tear down this wall, Mr. Gorbachev!« – eher belustigt reagierte. Wer in dem politischen Meinungsspektrum der alten Bundesrepublik bis 1989 die nationale Frage diskutierte oder aufbrachte, musste damit rechnen, dass er als anachronistisch, als Reaktionär abgestempelt wurde. Die öffentliche Meinung und die Intelligenz haben wahrlich nicht die Wiedervereinigung gefordert.

Die Westdeutschen sind zur Wiedervereinigung gleichsam getragen worden. Dank einer klugen Diplomatie von Außenminister Genscher und Bundeskanzler Kohl – auch die Zehn Punkte waren dabei entscheidend – nahm der Prozess, der in der DDR eingeleitet wurde, seinen Verlauf. Der Wechsel von »Wir sind das Volk!« zu »Wir sind ein Volk!« war der entscheidende Faktor, der die Dinge beschleunigte.

Noch etwas zu den Zwei+Vier-Verhandlungen: In Wirklichkeit waren es Eins+Fünf-Verhandlungen. Der Außenminister der DDR brachte mit Würde und mit großem Engagement die Interessen seines Landes ein, tatsächlich war er aber ziemlich machtlos. Außenminister Genscher hatte von deutscher Seite die Dinge in der Hand. Es war ein Eins+Fünf-Prozess, weil ein Akteur hier nicht vergessen werden sollte: die Europäische Union. Jacques Delors wurde von Anfang an von Bundeskanzler Kohl und Außenminister Genscher auf geschickteste Weise in diese Verhandlung indirekt mit einbezogen, nicht zuletzt um englische und französische Widerstände, welche die französische Seite sehr zurückhaltend und sehr höflich formulierte, zu umgehen.

Für mich ist das Entscheidende, dass das westliche Bündnis sich handlungsfähig zeigte. Das Bündnis basierte auf einer deutsch-amerikanischen Achse des »partnership in leadership« – eine Formel, die aufkam, als Bush im Sommer 1989 die Bundesrepublik besuchte, und die zum Erfolg der westlichen Allianz geführt hat, wobei das folgende Prinzip das Entscheidende war: die konstruktive Rivalität. Weder in der Sowjetunion noch im Warschauer Pakt oder im COMECON gab es konstruktive Rivalität, sondern nur Unterdrückung. Im westlichen Bündnis fand sich eine Anzahl sehr stolzer, unabhängiger Demokratien zusammen zum Zwecke der Verteidigung und der Integration. Diskutiert wurde über Fragen wie SDI, Ostpolitik und viele andere Dinge stets auf das Heftigste. Die unterschiedlichen Standpunkte erwiesen sich jedoch meist als miteinander vereinbar, so dass hier eins zum Tragen kam: konstruktive Rivalität – Konflikt nicht als pathologisch im kommunistischen System, sondern als Anreiz, sich auseinander zu setzen und gemeinsam die bestmögliche Lösung zu finden.

Im kommenden Jahrhundert werden die Historiker die Frage diskutieren: Wer hat denn nun die Einheit tatsächlich erreicht? War es die Adenauersche Tradition der Westintegration oder die Entspannungspolitik in der Tradition von Willy Brandt und Helmut Schmidt? Auch hier sehen wir wieder, dass konstruktive Rivalität gewirkt hat. Was damals als gegensätzlich erschien – einerseits die nach Westen orientierte Adenauersche Politik und andererseits die Forderung der Sozialdemokraten nach Wiedervereinigung –, erwies sich im Nachhinein als glückliche Fügung, weil beides sich im besten Sinne beförderte.

Wir hatten Glück, dass wir in einer entscheidenden Situation herausragende politische Führer im Westen hatten, die nicht nur legitimiert, sondern darüber hinaus diplomatisch geschult waren. Und wir hatten Glück, dass es zum einen die Politik der Stärke, der Eindämmung gab – alle Präsidenten von Truman bis Bush haben nur Variationen dieser Politik betrieben – und zum anderen im inneren deutschen Bereich eine Politik der Entspannung und der Westintegration, die eine eigene Tradition entwickelte, so dass es nachher nicht nur um die Einheit Deutschlands ging, sondern um die »Einheit in Freiheit« und die »Einheit in Westintegration«. So hat sich der Kreis geschlossen. Das war das, was Konrad Adenauer gefordert hatte. Ihm ging es nie nur um die Einheit, sondern um die Einheit in Freiheit und gleichzeitig um die Bindung Deutschlands an den Westen im Rahmen der atlantischen Bündnisse. Das hat sich dann auf glückliche Weise 1989/90 gefügt.

Klaus Hildebrand
Christian Hacke hat das, was Dennis Bark sagte, bestätigt und um die deutsche Sicht erweitert: auf der einen Seite das ganz Unvermutete, auf der anderen Seite eine glückliche Fügung zweier Traditionslinien, die sich antagonistisch ergänzt haben. Bevor ich die Diskussion zum Auditorium hin öffne, sollte Dennis Bark die Gelegenheit haben, auf das einzugehen, was auf seinen Vortrag hin gesagt worden ist.

Dennis L. Bark
Der Satz »Männer machen Geschichte« ist nicht unbedingt richtig. Aber in diesem Fall stimmt er. Ohne Ronald Reagan, ohne Eduard Schewardnadse, ohne George Shultz wäre das Geschehene nicht möglich gewesen. Wenn ich mich heute mit Shultz unterhalte, sagt er immer wieder dasselbe: Gorbatschow und Schewardnadse konnte man plötzlich Glauben schenken in dem, was sie sagten. In der Zeit davor wusste kein Mensch, ob das, was die sowjetische Führung sagte, stimmte oder nicht. Nun hatte die Beziehung zu Moskau eine neue Grundlage.

Reagans Berliner Rede ist von Peter Robinson, einem jungen Amerikaner, geschrieben worden. Robinson reiste ungefähr zwei oder drei Wochen vor der Ankunft Reagans nach Bonn und Berlin. Sowohl dort als auch in Washington rieten ihm viele dazu, den Satz, der später berühmt wurde, zu streichen. Doch Reagan bestand auf dem Satz. Reagan glaubte an die Freiheit. Das hört sich vielleicht etwas einfach an, aber so dachte er – und Gott sei Dank hat er so gedacht. Er meinte, dass die Mauer nichts mit Freiheit zu tun habe, und hatte den Mut, dies auch zu sagen. »Männer machen Geschichte« – dieser Satz trifft hier uneingeschränkt zu.

Noch ein Wort zum SDI-Programm: Anfang 1980, also vor seiner Zeit als Präsident, fuhr Reagan zu NORAD (North American Aerospace Defense Command) in den Cheyenne Mountains in Colorado. Dort gab es eine riesige Weltkarte, auf der Lämpchen angebracht waren. Plötzlich bewegte sich an der mexikanisch-kalifornischen Grenze ein kleines Licht ganz langsam in Richtung San Francisco. Reagan fragte den General der Luftwaffe nach der Bedeutung dieses Lichtes. Der General erklärte ihm, es sei wahrscheinlich ein privates Flugzeug, das Drogen in die USA schmuggle. Reagan wollte daraufhin wissen, was geschähe, wenn es sich um eine nukleare Missile handeln würde. Der General meinte, er würde den Bürgermeister San Franciscos anrufen und ihm sagen, dass er noch 20 Minuten hätte. Reagan war entsetzt darüber, dass sie nicht in der Lage waren, eine Missile abzuschießen. Aus diesem Grund hielt er dreieinhalb Jahre später seine Rede zum SDI-Programm.

Klaus Hildebrand
Eine Frage stellt sich immer wieder: Wie gefährlich war eigentlich der Weg zur Revolution der europäischen Staatenwelt, zum Ziel dieser deutschen Einheit? George Bush sagte in einer Pressekonferenz Anfang 1990, das eigentliche Wunder sei, dass die Veränderung friedlich vonstatten gehe. Wir sollten das in unsere Überlegungen einbeziehen.

Nikolai S. Portugalow
Besonders tief unter die Haut ging mir die Intervention von Hannes Adomeit. Diese betraf meine aktive Zeit und ich schmeichle mir vor, im politischen Geschehen der Wendezeit eine positive Fußnote verdient zu haben.

In einem Punkt hat Hannes Adomeit recht: Ich würde zwar nicht sagen, dass 1985 Gorbatschow bereits eine feste deutschlandpolitische Position bezogen hatte, aber es war bereits eine Linie erkennbar. Viel ernster ist, dass Gorbatschow bis zur berühmten Politbürositzung am 26. Januar 1990 von der Vorstellung eines gemeinsamen europäischen Hauses mit zwei deutschen Staaten, in dem es höchstens zwischen den beiden Teilen Berlins einen offenen Gang geben könnte, nicht abwich.

Die Behauptung, es habe vier Schulen gegeben, trifft nicht zu. Möglicherweise gab es viele verschiedene Denkrichtungen, aber es gab keine Schulen.

Daschitschew war niemals Berater, weder beim ZK noch beim Außenministerium. Was von seinem Institut zu uns gelangte, ging sofort in den Ablagekorb. Ich hatte allerdings immer den Eindruck, dass Daschitschew eine von der deutschen Seite kunstvoll aufgebaute Figur war. Es gab aber sehr wohl eine »Germanistenfraktion« – diesen Spitznamen gab uns der Spiegel –, welche die Lebenserwartung der DDR und ihres Staatswesens als eher gering eingeschätzt hat. Gründer und erster Repräsentant dieser recht kleinen Germanistenfraktion war Valentin Michailowitsch Falin, der in Deutschland aus unerklärlichen Gründen zu einem großen Konservativen gestempelt wurde. Dabei war gerade er derjenige, der sich als erster die Wiedervereinigung bereits nach der Unterzeichnung des Moskauer Vertrages denken konnte. Er war kein Träger eines geheimen Kanals zu Horst Teltschik, wie es damals hieß. In seinem Auftrag hatte ich Horst Teltschik, ohne Gorbatschow darüber in Kenntnis zu setzen, einige Vorschläge gemacht in Form eines inoffiziellen Papiers, das den unmittelbaren Impuls zu den Zehn Punkten gegeben hat. Wenn Sie beide Texte vergleichen, finden Sie sehr viele Parallelen.

Es gab sehr wohl eine germanistische Schule, die latent an die immer bestehende geopolitische russische Tradition anknüpfte und versuchte, die Angelegenheit der deutschen Wiedervereinigung in Gang zu bringen. Bereits 1987 war der Kalte Krieg nach dem Mittelstreckenvertrag praktisch verloren und die diesbezüglichen Möglichkeiten Moskaus waren begrenzt. Nach den freien Wahlen und erst recht nach der Währungsreform waren die Zehn Punkte überholt.

Erstaunlicherweise wurde hier sehr viel darüber gesprochen, wieviel die großen und mittelprächtigen Staatsmänner zum Prozess der Wiedervereinigung beigetragen haben oder auch nicht. Das ostdeutsche Volk jedoch ist völlig in Vergessenheit geraten. Kein einziges Wort über die ostdeutsche Bevölkerung, über die edlen Worte »Wir sind das Volk!« – die einzige historische Parole, die es sehr wohl mit »Fraternité, Liberté, Egalité« aufnehmen kann. Es steht auf einem anderen Blatt, dass daraus ein paar Wochen später »Wir sind ein Volk!« wurde.

Gorbatschows Memorandum, das Jacques Bariéty erwähnte, war als Beruhigungspille gemeint. Mitterrand sollte sich keine Sorgen machen, vor allen Dingen nicht um das gemeinsame Haus Europa, Anatolij Tschernjajews Lieblingskind. Von der Wiedervereinigung war jedoch nicht die Rede. Es war überaus dramatisch, dass sich Gorbatschow und vor allem auch Tschernjajew buchstäblich in etwas mehr als einem Monat danach vom Saulus zum Paulus der Wiedervereinigung wandelten.

Kazimierz Woycicki
Meine Anmerkung ist methodologischer Art. Bislang haben alle grundsätzlich über die Machtverhältnisse gesprochen als einem Faktor der Vereinigung Deutschlands. Ich meine aber, dass diese Geschichte auch andere Faktoren hat. Dennis Bark sprach davon, dass Männer – in diesem Falle zwei – Geschichte machten. Es gab jedoch nicht nur die großen Politiker, sondern auch die Völker und die Bewegungen im Ostblock. Ich verehre Michail Gorbatschow, aber seine Rolle war nicht so groß auf Grund dessen, was er getan, sondern auf Grund dessen, was er nicht getan hat – und das war viel in dieser Situation. Aber es gab eine ganze Reihe von Persönlichkeiten, die etwas bewegt haben: Andrej Sacharow, Alexander Solschenizyn, Vaclav Havel, polnische Dissidenten und viele andere.

Neben Ronald Reagan würde ich auch Jimmy Carter erwähnen als eine Persönlichkeit, die diese Situation unglaublich stark beeinflusst hat. Bei Carters Menschenrechtspolitik spürten die Menschen im Ostblock zum ersten Mal, dass der Westen sich in der Offensive befand. Wir waren in den fünfziger, sechziger Jahren immer sehr davon beeindruckt, wie stark die Sowjets, die Kommunisten den Westen propagandistisch ausmanipulierten. Carters Politik enthüllte die Heuchelei dieses Systems.

Die Forschungsfrage für die Zukunft ist die nach den verschiedenen Faktoren, die zur Wiedervereinigung Deutschlands führten. Aber es ist eine kulturpolitische Frage, wie wir die Weltpolitik sehen. Wo liegen die Schwerpunkte – nur bei großen Politikern oder auch bei den kulturpolitischen Prozessen; bei dem Vorwärtsdrang zur Demokratie? Die gegenwärtige Verschiebung der Deutungen ist für mich ab und zu sehr fraglich. Gorbatschow sagte vor ein paar Wochen im Deutschen Bundestag: »Der Held des 9. November 1989 war das deutsche und das russische Volk.« Ich sehe leider nicht, dass das russische Volk eine solche Rolle gespielt hat. Wie man die Ereignisse symbolisiert, ist jedoch nicht ohne politische Bedeutung für die Zukunft.

Markus Meckel
Auch mir fehlte in den Darstellungen der Hinweis auf die Entwicklung innerhalb des Ostblocks und auf die gesellschaftlichen Pro-

zesse nach 1975. Ich denke, dass ohne eine solche Ergänzung nicht nachvollziehbar ist, was im Herbst 1989 und dann mit der Vereinigung möglich war. Ab 1980 war klar, dass nicht durch die Präsidenten und Staatschefs, sondern aus der Gesellschaft heraus eine politische Macht erwuchs, ein politisches Subjekt, mit dem niemand vorher gerechnet hatte. Ich war enttäuscht, dass in Dennis Barks Vortrag keine Rolle spielte, welch ein Perspektivenwechsel dadurch stattfand. Ungarn hatte sich seit Anfang der sechziger Jahre schrittweise verändert und in den achtziger Jahren einen rasanten innenpolitischen Prozess durchlebt, der dazu führte, dass möglich wurde, was im September 1989 geschah: die Öffnung der ungarisch-österreichischen Grenze. Oder denken Sie an die Bedeutung der Solidarność in Polen. Leider fehlte die Darstellung der Bedeutung dieser Bewegungen ganz.

Friedrich Schorlemmer
Drei Fragen möchte ich dem Podium stellen:

In welchem Wirkungsverhältnis sehen Sie den Aufbruch der Völker im sowjetischen Machtbereich einerseits und die Bemühungen der Vertragspolitik (KSZE und Folgekonferenz), die Abrüstungsverhandlungen und außenpolitischen Aktivitäten (Gipfeltreffen) andererseits? Nach meinem Eindruck wäre der politische Umbruch zur Delegitimierung der Machthaber ohne die Massenbewegung auf den Straßen kaum gelungen. Erst als »die unten« nicht mehr wollten und »die oben« nicht mehr konnten, kam es zum Zusammenbruch des ideologischen, ökonomischen und politischen Gebäudes des Sowjetsystems.

Ging es Ronald Reagan um entschlossene, mit technischer Überlegenheit erzwungene Niederringung eines mächtigen Konkurrenten – also der zweiten Supermacht – durch einen Rüstungswettlauf, der das andere System auf diese Weise schlicht ökonomisch kalt stellte, oder ging es ihm um die Verteidigung und Ausbreitung des hehren Gedankens der Freiheit?

War nicht die Angst berechtigt, die Russen könnten zuschlagen? Ich gehöre jedenfalls zu denen, die gegenüber der Mauerabrissrhetorik skeptisch waren, denn man wusste doch, dass das Niederreißen der Mauer die Selbstaufgabe des Sowjetsystems bedeuten würde, und die Angst der Militärs um Machtverlust war bei Anwesenheit von 450.000 Sowjetsoldaten auf dem Territorium der DDR etwas durchaus Gefährliches. Es ging ja um nichts Geringeres als um ihre »Kriegsbeute« – und um die DDR als den vordersten Posten ihres Machtbereichs; gleichzeitig war die DDR gewissermaßen ein Klammerstaat für die anderen Ostblockländer. Zusammen mit vielen anderen aus unserer kirchlichen Friedensbewegung hatte ich die Sorge, dass die Militärs und deren dazugehörigen Hardliner irrational reagieren könnten. Wir wollten lieber eine Öffnungspolitik im Sinne Gorbatschows voranbringen, weil wir sonst eine Rückkehr des Panzerkommunismus – nach innen – fürchteten. Da wirkte ein Satz wie »Tear down this wall, Mr. Gorbachev!« kontraproduktiv. Denn die Hardliner in Moskau und in den Ostblockländern suchten doch Vorwände, um Gorbatschow wieder loszuwerden und die Schotten wieder dicht zu machen.

Hannes Adomeit
Wie Markus Meckel und Friedrich Schorlemmer bin auch ich der Ansicht, dass Dennis Bark die Rolle Reagans für die Herstellung der deutschen Einheit zu sehr betont, ja sogar idealisiert hat. Festzustellen ist demgegenüber erstens, dass es keiner grundsätzlichen Veränderung der amerikanischen und darüber hinaus der westlichen Politik bedurfte: Das vereinte Deutschland sollte wie die Bundesrepublik Vollmitglied in den westlichen Institutionen einschließlich der NATO bleiben. Radikales Umdenken und schmerzhafte Anpassung an neue Bedingungen waren dagegen in der Sowjetunion notwendig und beides musste von Gorbatschow innenpolitisch durchgesetzt werden. Zweitens gilt auch für Reagan, dass er im Wesentlichen nicht vorausdachte und diesem »vision thing« sogar kaum Verständnis entgegenbrachte, sondern auf die immer schneller werdenden Entwicklungen erst post festum reagierte. Die Dynamik in der Wiedervereinigungsfrage kam infolgedessen in der DDR und in Ostmitteleuropa nicht von »oben« – von westlicher oder sowjetischer Regierungsseite –, sondern von »unten« – aus dem Volk.

Diese Bewegungen von unten waren nicht neu, doch die zentrale Frage war immer folgende: Wie würden sich bei ernst zu nehmenden Herausforderungen die Sicherheitsorgane dieser Länder und die sowjetischen Truppen verhalten? Würden sie eingreifen oder nicht? Erst als klar war, dass die Sowjetunion keine Absichten hatte einzugreifen, nahm im Herbst 1989 in der DDR die Zahl der demonstrierenden Menschen zu.

Auch nach den Bemerkungen Nikolai Portugalows bleibe ich bei meiner Interpretation der Rolle der von ihm hochgelobten Germanisti, der sowjetischen Deutschlandexperten: Im Grunde genommen hatten sie eine Bremsfunktion inne – bei der Frage der deutschen Vereinigung, aber insbesondere bei der Frage der Mitgliedschaft eines vereinten Deutschlands in der NATO. Aus diesem Grund schwand der Einfluss Valentin Falins immer mehr. Falin war meines Erachtens Architekt des Modus Vivendi zwischen zwei weiter bestehenden deutschen Staaten, nur sollte dieser andere deutsche Staat nicht so aussehen wie die DDR Ulbrichts oder Honeckers, sondern reformistisch sein. Was für Falin und die internationale Abteilung gilt, gilt meiner Ansicht nach noch sehr viel mehr für die Deutschlandexperten im Außenministerium – zum Beispiel für Alexander Bondarenko, Leiter der Dritten Europaabteilung, und für Julij Kwizinskij, ehemals Botschafter in der Bundesrepublik –, die ebenfalls in diesem Kontext bremsend wirkten.

Es bedurfte der Entmachtung der althergebrachten sowjetischen Institutionen, damit in der Sowjetunion der Umdenkungsprozess erfolgreich stattfinden konnte und nicht nur die Wiedervereinigung möglich wurde, sondern auch – entgegen sämtlichen »professionellen« Ratschlägen und Widerständen insbesondere aus den Reihen des Militärs – das vereinte Deutschland Mitglied der NATO werden durfte. Das Erstaunliche an der Entwicklung in der Sowjetunion ist für mich, dass alle sowjetischen Machtorgane diesen Prozess zwar ablehnten, sich aber nicht durchsetzen konnten. Dies ist in der Tat eines der Wunder, die geschehen sind, und dafür muss man Gorbatschow eine große Rolle zugestehen.

Jacques Bariéty
Eine kleine Ergänzung zu meinen Ausführungen: Mitterand war ein sehr kluger, intelligenter und vorsichtiger Politiker und das Wichtigste für ihn in dieser Sache war, nicht in den falschen Zug einzusteigen. Aber er musste bis Ende Januar 1990 warten, um zu wissen, welcher der richtige Zug war. Ende 1989 war Mitterand nicht nur Präsident der französischen Republik, sondern auch Präsident des Europäischen Rates. In Ost-Berlin sprach er also nicht nur als Franzose, sondern auch als Präsident des Europäischen Rates.

Am 22. Dezember 1989 war Mitterand in Leipzig und unterhielt sich mit Dissidenten. Er gewann bei den Gesprächen den Eindruck, dass viele Leute in der DDR gegen eine große Vereinigung waren, und kam nach Paris zurück mit der Idee, ein Weiterleben der DDR sei doch möglich. Nachträglich stellte sich heraus, dass zwei dieser sogenannten Dissidenten von der Stasi manipuliert waren. Noch den ganzen Januar 1990 erörterte das französische Außenministerium mit Experten die These eines Weiterlebens der DDR, allerdings mit großen Veränderungen – also einer DDR des dritten Weges. Erst Ende Januar wurde Mitterand klar, dass es zur Wiedervereinigung kommen sollte, und er entschied sich schließlich für diesen Weg. Mitterand hatte sozusagen zwei Eisen im Feuer gehabt und gewartet. Die endgültige Entscheidung kam jedoch nicht von Frankreich, sondern von außen.

Christian Hacke
Ich habe mit großer Sympathie und zum Teil mit großer Zustimmung gehört, was Markus Meckel und Friedrich Schorlemmer gesagt haben. Ich habe ihre Rolle in den letzten zehn Jahren mit Respekt und mit Bewunderung verfolgt. Aber die Rahmen wurden außenpolitisch und genau unter diesem Aspekt, den beide ja genannt haben, vorher gesetzt. Ich bin vorhin kurz eingegangen auf die Rolle und Bedeutung der Deutschland- und Ostpolitik Brandts: Dabei ging es um Freizügigkeit, um all die Dinge, die sie eben angemahnt haben; das war Substanz bundesrepublikanischer Außenpolitik nach Osten.

Hinsichtlich der Schlüsselrolle Deutschlands und der neutralen und ungebundenen Staaten im Zuge des KSZE-Prozesses stimme ich Markus Meckel und Friedrich Schorlemmer zu. Hier kommt Mittel- und Osteuropa ins Spiel. Im Zuge des KSZE-Prozesses wurden die Grundsteine gelegt für Dissidenten wie Sacharow und andere, für die Charta 77, für die Entwicklung der Opposition in der DDR. Die bundesrepublikanische Außenpolitik kann von sich behaupten, dass sie in gewisser Weise Schrittmacher gewesen ist. Es geht nicht nur um das Adenauersche Erbe, nicht um ein »entweder ... oder« – entweder Adenauersche oder Brandtsche Tradition –, sondern um ein »sowohl ... als auch«. In welchem Mischverhältnis lasse ich offen, aber beides gehört zusammen. Die Bundesrepublik hatte im KSZE-Prozess eine Schlüsselfunktion inne.

Noch etwas zu dem, was gesagt wurde mit Blick auf die Sowjetunion: Es war eine Machtfrage. Der Niedergang des Sowjetimperiums ist – neben dem Zweiten Weltkrieg – die entscheidendste Machtverschiebung des 20. Jahrhunderts gewesen. Das Ende des Kalten Krieges hat zu einer solch fundamentalen Machtverschiebung in Europa und der Welt geführt, dass wir noch bis Mitte des kommenden Jahrhunderts die Nachbeben spüren werden.

Dabei möchte ich jedoch ein Missverständnis ausräumen – das Missverständnis Gorbatschow. Jeder Politiker und gerade jeder Außenpolitiker versucht, seine Politik so anzulegen, dass ihre ursprüngliche Intention nachher deckungsgleich ist mit dem, was wirklich passiert. Das können wir auf ambivalente Weise und unter Berücksichtigung der Varianten im westlichen Bündnis eindeutig bei der westlichen Politik bemerken. Die Politik der Eindämmung, die Politik des roll back von John Foster Dulles, hat sich durch Reagan machtpolitisch bestätigt. Die ursprüngliche Intention Gorbatschows war nicht die Wiedervereinigung Deutschlands. Gorbatschow wollte die Modernisierung des Sowjetimperiums, die Modernisierung der DDR. Die Wirklichkeit ist genau das Gegenteil von dem, was Gorbatschow ursprünglich intendierte. Er musste dem Druck der Machtverhältnisse nachgeben. Seine Leistung besteht in dem, was er nicht getan hat – aber er konnte keine konstruktive Rolle in diesem Prozess mehr spielen. Er konnte der Sache letztlich nur noch zustimmen.

Sowohl aufgrund von Recherchen, als auch aufgrund der vielen langjährigen Gespräche mit Außenminister Genscher und mit dem amerikanischen Außenminister ist eins für mich ganz zentral geworden: Die westliche Seite hat natürlich versucht, den Eindruck zu vermeiden, dass es um nackte Machtpolitik gehe. Mir ist der Satz George Bakers im Ohr geblieben: We avoided triumphalism – den Triumph zu vermeiden, hieß damals Rücksicht auf nationale ideologische Bedingungen und Vorbehalte zu nehmen und so zu tun, als gäbe es hier einen Prozess, in dem in Übereinstimmung mit der Sowjetunion und unter Berücksichtigung ihrer Interessen die Dinge friedlich gestaltet werden könnten. Das war eine der ganz großen Leistungen der westlichen Diplomatie. Der Westen und vor allem die Bundesrepublik haben alles getan, um gemeinsam mit den neutralen und ungebundenen Staaten im Zuge des KSZE-Prozesses gesellschaftspolitisch diese Bedingungen zu befördern, die später zu den Veränderungen in Mittel- und Osteuropa führten.

Dennis L. Bark
Ob aus der Gesellschaft eine politische Kraft kam, wie zum Beispiel die Solidarność in Polen, ist nicht mein Thema gewesen. Ich habe diesen Aspekt daher nicht angesprochen.

Noch eine Bemerkung zu SDI und zu Reagans Rede in Berlin: Reagan meinte, dieses System bauen zu müssen, weil er als Präsident der Vereinigten Staaten die Verantwortung für die Sicherheit der Bevölkerung trug. Er wollte nicht im Weißen Haus sitzen und abwarten, bis eine Rakete auf New York landete. Ein sehr einfaches und einleuchtendes Motiv also. Leider ist seine Rede vom 23. März 1983 in einer unglaublichen Art und Weise entstellt worden. Reagan war unter anderem bereit, nach Bau des Systems mit der Sowjetunion zu sprechen und dieser möglicherweise das System zu schenken. Kein Mensch weiß das heute noch.

Peter Robinson berichtete Ronald Reagan kurz vor seiner Reise nach Berlin, dass die Rede an der Mauer in der DDR im Radio gehört werden könne, womöglich bis nach Moskau, und fragte ihn, was er dem Volk auf der anderen Seite der Mauer sagen möchte. Reagan antwortete, er wolle sagen, dass die Mauer abgerissen werden müsse.

Klaus Hildebrand
Zum einen erscheint mir die Bedeutung der Außen- und Weltpolitik für die Geschichte der so genannten deutschen Frage hoch einzuschätzen zu sein. Wie hoch, das ist kontrovers debattiert worden. Die eine Position besagt, die außenpolitischen Bedingungen, das Handeln der Supermächte seien ausschlaggebend dafür gewesen, dass die innenpolitischen Freiheitsbewegungen der Völker Erfolg zu haben vermochten. Die Gegenposition stellt das Umgekehrte fest. Wenn man als Historiker auf viele Jahrhunderte und ähnliche Kontroversen zurückblickt, dann sage ich voraus, wir werden noch lange darüber diskutieren und es wird eine fruchtbare Diskussion sein.

Ich warne nur davor, die unterschiedlichen Standpunkte zu Glaubenssätzen zu dogmatisieren. Wir haben in der Debatte in der Bundesrepublik – auch in den Vereinigten Staaten – Zeiten gehabt, als alle vom Primat der Innenpolitik sprachen. Wer das Gegenteil behauptete, wurde gleichsam mit dem Bann belegt. Gott sei Dank ist das vorbei. Wir müssen die gegensätzlichen Positionen anhand der Quellen, die noch zu Tage treten werden, immer wieder überprüfen.

Zudem konnten die dominierenden, vorwaltenden Tendenzen des historischen Prozesses – wie das immer in der Geschichte der Fall gewesen ist und so auch dieses Mal – im Hinblick auf die Zeitenwende 1989/1990 gegenüber den Alternativen der Entwicklung obsiegen, weil Staatsmänner und Völker sich für ihre Verwirklichung entschieden haben. Sie haben die Geschichte letztlich gemacht, deren Entwicklung sich freilich längst in einem mächtigen, gleichwohl nicht eindeutigen Vollzug befand.

Mit meinem Dank an den Referenten, an die Diskutanten auf dem Podium und an die Debattenteilnehmer aus dem Auditorium möchte ich einer tief empfundenen Hoffnung Ausdruck geben: Zuweilen gehen lang ersehnte Wünsche in Erfüllung, und dann stellt sich oftmals sehr viel später und in grundsätzlich gewandelter Lage heraus, dass entweder die Wünsche falsch waren oder die Menschen mit den daraus hervorgegangenen Realitäten nicht auszukommen verstanden. Die Geschichte liefert dafür ebenso zahlreiche Beispiele, wie sie auch das gerade Gegenteil davon zu erkennen gibt. Wir haben die Freiheit, wir haben die Möglichkeit alles zu tun, um dem tragischen Grundzug der Geschichte, der ihr durchaus zu eigen sein kann, nicht zu erliegen, sondern ihren Verlauf tatkräftig und vernünftig vor dem Hintergrund geschichtlicher Erfahrungen und Einsichten zu gestalten.

Jiři Gruša

Der Zerfall des Ostblocks

Paradoxa

Setzen wir zunächst optimistisch voraus, dass das berühmte Gespenst des Kommunismus in Europa zu Ende gespukt hat und es nicht irgendwo zu einer gefährlicheren Form mutiert, die uns allen noch zu schaffen machen wird. Setzen wir des weiteren mutig voraus, dass jenes zögerliche Wesen, das sich EU nennt und so gerne über Werte spricht, nicht den Wert des wahren Augenblicks verkennt und dass wir alle – Deutsche, Tschechen, Polen, Slowaken und Ungarn – uns bald in einem einzigen Interessenraum wiederfinden, den wir lange gemeinsam bewohnten und dem wir auch das Bessere in uns verdanken.

Wie steht es um die Demokratie in Europa – zehn Jahre nach ihrem Sieg, zehn Jahre nach dem Zerfall des Ostblocks? Wir stellten fest, dass eine »Ethnokratie« schneller zu haben ist: Ein Demos ist schwerer zu bekommen, ein Ethnos ist immer parat. Wenn man ruft: »Wir sind das Volk!«, ist in den hinterelbischen Sprachen nicht immer klar, welches von beiden gemeint ist. Man fängt eher mit dem Ruf an »Wir sind ein Volk!« und konstruiert – auch blutig – das Wesen des Volkes. Der Unterschied zwischen einem und dem Volk zeigt sich bei den Staaten, die sich nach der Demokratie sehnten, aber in einer Herrschaft ohne Demos landeten. Nicht das wirtschaftende Stadtvolk, sondern die auf dem Prinzip der Identität belohnten Mitglieder eines Ethnos führen in solchen gesellschaftlichen Gebilden das Wort. Der Wunsch nach dem besseren Leben paart sich in diesen Staaten mit dem Unvermögen, es zu erreichen. Der Traum, den man vielerorts träumte, wurde zum Trauma. Mit Recht! Wir lebten – ja leben noch immer – in einer äußerst tückischen Welt, in einer Welt, in der die Zeit verrückt spielt, obwohl man uns – den Ossis – beibringen wollte, dass sie in fünfjährige Planungsschritte aufzuteilen und immer höher aufzutürmen ist, bis sich schließlich jener »strahlende Morgen« einstellt.

Statt dessen haben wir eine tickende Bombe vernommen, die explodierte. Es änderte sich alles: Die Planenden waren plötzlich pleite, die Nicht-Planenden schrecklich reich. Wir, die Widersacher des Alten, haben diese »Multi-Zeit« gespürt und begrüßt, als wäre sie die unsrige. Doch sie hat auch uns mitgerissen. Wer hatte schon eine Vorstellung davon, was auf uns zukommen würde? Eine Welt, in der das Wort Volk nur »Leute« bedeutet, der Mensch nur »ein« ist. Eine Welt, in der selbst der Satz von Luther auf Schweijksche Art ertönt: Hier stehe ich, aber ich könnte auch anders. Oder noch krasser: Hier stehe ich und muss anders können!

Wo sind wir da hineingeraten! Keine großen Konzepte, keine Systeme mehr, in denen die Europäer zwischen Rhein und Ural jahrhundertelang das Heil suchten. Für jemanden wie mich, der in der Strenge der Zuteilungen und schwarzweißer Aggressivität aufwuchs, gleichzeitig aber gewöhnt war, die Wärme allerlei halboffizieller Privatghettos zu genießen, ist die Invasion derart wackeliger Werte ein Ärgernis im biblischen Sinne. Selbst der Dissident, der heideggerianisch an einem Hochsitz am »Holzweg« zu hocken glaubte und sich jenen philosophischen Heimatfilm vorführen ließ, in dem das wahre Sein die Seinsvergessenheit plumper Besorger verabscheut, fühlt sich enttäuscht.

Paradoxa: Dort, wo immer mehr Leute reden dürfen, haben sie auch das Sagen. Dort, wo fast jeder das Sagen hat, wird nicht viel gesagt; und wo nicht viel gesagt wird, geht man nicht so schnell von Worten zu den Taten über. Wer jedoch keine neuen Worte mehr findet, findet nicht statt. War es nicht eben dieses Paradoxon der Freiheit, das den Zerfall des Ostblocks verursacht hat? Man hätte uns – die Kritiker der Starre, die Dissidenten – gerne gulagisiert wie die Millionen eine Generation früher. Dann hätte man die Nebelnische weiter betreiben können, wie sie Lenin und Stalin schufen.

Wir waren jedoch nicht nur da, wir waren auch hörbar, ja sichtbar – nicht alleine, nicht voraus, nicht »atomisiert«. Der Ostblock und seine Staaten brachten eine nie da gewesene Atomisierung der Gesellschaft. Mit politischen Belohnungen für ihre Bewahrer beutete die Machtzentrale die intellektuelle und materielle Substanz ihrer Herrschaftsgebiete aus, bis diese – nicht unähnlich einem vom Holzwurm zerfressenen Möbelstück – zu Sägemehl wurde. Paternalismus, Regulierung, Allokation, Subvention, Nationalisierung und Umverteilung hießen die Mittel.

Der Realsozialismus war kein Moloch, der unbeirrt alles zu verdauen wusste, schmeckte es, wie es wollte. Er praktizierte nur eine äußerst direkte primitive Klientelbelohnung. Selbst seine Perestroika war am Anfang als Tapetenwechsel, als eine »klügere Stroika« – als ein Aufbau! – gedacht! Wir in der Tschechoslowakei haben jedoch auf Grund der Erfahrungen mit der Reform von Alexander Dubček und mit einer nie ganz erloschenen Erinnerung an die eigene industrielle Vergangenheit einen Paradigmenwechsel herbeigesehnt.

Ursachen des Zerfalls

Als die Mauer stürzte, waren es nicht die Reformkommunisten, nicht die Nationalbewegten, nicht die Direktoren der Kombinate, die den Wandel bei uns charakterisierten, sondern die Vertreter des oppositionellen Geistes, die sich zum Parlamentarier berufen fühlten. Denn es war gelungen, die Erstgenannten von den wichtigen Entscheidungen der ersten Stunden fernzuhalten. Sie kehren zwar zurück, aber der Umweg macht sie mürbe. Und sie sind noch nicht angelangt – und wir noch nicht chancenlos.

Die entscheidenden geopolitischen Weichenstellungen liegen außerhalb unseres Machtbereichs; selbst wir könnten noch in die dunklen Ströme einer »Destroika« hineingeraten, welche die weiterhin implodierende Erbschaft des Kommunismus aufwirbelt. Doch die Vertreter dieser »Destroika« – und all die in ihrem Bann, die noch immer meinen, dass neue Stabilität mit alten Mitteln herbeizusteuern wäre – übersehen etwas Wichtiges: Der Zerfall des Ostblocks signalisierte das Ende des mechanistischen Machtdenkens, das Ende der typischen kausalen und linearen Denkweise, deren besondere Variante der russische Kommunismus war. Der Zerfall übersah diesen multikausalen Charakter der heutigen Welt, in der immer weniger manische Machtmonologe möglich sind. Das gilt auch für unsere Suche nach einer Ursache des Zerfalls. Es bieten sich unzählige monokausale Deutungen an – Polen 1972, Helsinki 1975, die Charta 77, russische Dissidenten, Ungarn, die Solidarność, der Ausnahmezustand in Polen 1981, der polnische Papst und so weiter.

Der europäische Aufstieg im 18. und 19. Jahrhundert basierte nicht nur auf der unternehmerischen Individualität und Initiative der neuen Schichten, er stützte sich auch auf den territorialen Gewinn. Räume brachten Menge und Menge brachte Masse. Die Macht nährte sich aus der Möglichkeit, Ressourcen materieller und menschlicher Natur zu mehren und zu nutzen. Auch die Nationen im europäischen Sinne waren Macht- und Marktkonzepte. Politische Gebilde, die diese Chancen hatten und sie ergriffen, wischten die anderen weg, traten in gegenseitige Konkurrenz, führten kulturell und technologisch Kriege, wie sie Carl von Clausewitz beschrieb, und brachten Entwicklungsnischen, komplexere Erfahrungen und letztendlich auch die Überzeugung, dass Erfahrung und Erfindungen zusammenhängen.

Das Künstliche wurde langsam interessanter als das Natürliche, Diskussionen wichtiger als Diktate, individuelle Sachlichkeit erfolgreicher als Leidenschaft für eine Sache. Numerische Nivellierung nannten es die Feinde dieser Entwicklung und suchten sich davor zu retten, indem sie kollektivistische Überlegenheitsgefühle kultivierten. Die alte lineare kontrollierbare Welt sollte sich gegen die Scheinwelt der Praktiker und Kaufleute behaupten. Doch Marx verlor gegen Marks & Spencer, der Übermensch gegen den Supermann der Comic-Hefte . . .

Die Destroika

Beide konstruktivistischen Prospekte unseres Jahrhunderts – der nationale und der realexistierende Sozialismus – haben diese Linearität gemeinsam. Sie glauben an den höheren Menschen, herstellbar im Labor der jeweiligen Menschlichkeit. Der Vergleich als Prinzip der Freiheit sollte durch installierte Präferenzen ersetzt werden.

Nach dem Zweiten Weltkrieg verhinderte das atomare Patt die europäische Machtpolitik alter Art. Die Niederlage des Nationalsozialismus führte jedoch zur Festigung des Realsozialismus, denn die neue kalte Grenze schuf eine scheinbar vorteilhafte Enklave. Sie ließ sich so lange aufrecht erhalten, solange die Drohung der gegenseitigen Vernichtung wirkte.

Das Gleichgewicht innerhalb der Bipolarität schloss keinesfalls die Konkurrenz der Blöcke aus, obwohl sie zuerst nur auf der Reibungsfläche beider Giganten zu geschehen schien. In der Tat fand diese Konkurrenz als innerer Leistungsvergleich statt. Die Welt der zwar nicht erlösten aber produktiven Zeitgenossen entfaltete sich nämlich weiter und brachte Ende der fünfziger Jahre die elektronische Revolution mit sich, die eine ganz neue Perspektive – eine Introspektive aller Dinge – mit sich brachte. Sie bewies die Existenz von etwas, was ich heute und für unseren Zweck »subjektive Realität« nennen möchte.

Der Ostblock glaubte an eine »objektive Realität«. Er bezeichnete sie sogar so. Wie alle radikalen Konstruktivisten versuchten die Lenins, Stalins und Breschnews einen Plan zu entwickeln, der für die Fortbewegung von einem solchen Objekt zu dem anderen helfen sollte, ohne dabei zu merken, dass ab einer gewissen Anzahl von Objekten man selbst zum Subjekt wird. Keiner wollte wahr haben, dass sich der Plan, anstatt den angeblich erkannten Gesetzen zu folgen, selbst plante.

Der Steuerungsrausch der Genossen entpuppte sich daher als ein die Wirklichkeit einschränkender Wahn. Denn jede Überbetonung der Machbarkeit bedeutet schließlich, das einzig Erkennbare zu betonen: die Nichtigkeit von all dessen, was man zum Objekt machen darf. In dem ewigen Dualspiel der Entscheidungen zwischen einer Null und einer Eins, zwischen der armen und der reichen Variante, ist die Null schneller zu erkennen, weil sie objektiver ist.

Die Verrottung der Planwirtschaft und ihrer Staaten war wirklich »vorgeplant«. Diese »Vorgeplantheit« ist noch vorhanden. Es ist nicht so, dass mir zum Beispiel die russische Stabilität nicht am Herzen liegt. Ich sehe lediglich, dass das »Vorgeplante« noch immer mächtig wirkt, noch immer Differenzen wegwischt und Macht nur als Machbarkeit versteht, als bloße Sorge um Beherrschung von Objekten. Dort aber, wo fast keine Unterschiede festzustellen sind, gibt es letztendlich keine Vorteile. Nach einer Perestroika, die dem Anprall der Weltkomplexität trotzen wollte, indem sie sich bessere Konstrukte innerhalb des Konstruktivismus versprach, erleben wir jetzt diese »Destroika«, die derselben Weltkomplexität »klüger« trotzt, indem sie das Destruktive bewusst anwendet.

Aber auch sie wird keinen Erfolg haben! Wenn keine Differenz zwischen der Produktivität in Orel und der in Grozny herrscht, ist sie auch militärisch nicht zu besetzen. Dort, wo »Undifferenziertheit« den Ausschlag gibt, kann Reichtum nur per Unterscheidung geschaffen werden, per Differenzen, welche die ständige geistige und materielle Enteignung zu Gunsten des jeweiligen Erpressers verhindern.

Ist das schlimm, gefährlich, riskant? Natürlich, zugleich aber geschieht dies jenseits von Gut und Böse und bleibt so weit unbeeinflussbar, soweit man konstruktivistische Eingriffe duldet und Pakte mit ihnen vorzieht, statt Fakten zu respektieren, und soweit man die reduktivistischen Tänze der Destroika rhythmisch nachempfindet, politisches Gedankengut von gestern aufpoliert und nach quantités néglgables in einer Welt sucht, in der schon heute jeder Ort zu jeder Zeit positiv oder negativ zu erreichen ist – militärisch und finanziell.

Das Europa des Ostblocks hat bloß partiell einen schöpferischen Willen. Es hat sich zwar aus dem direkten Feld der Gefährdung hinübergerettet, aber nur hinter einen dünnen Deich, der auf historischem Boden beruht: zum Beispiel auf der höheren sozialpolitischen Schichtung und den Bildungstraditionen.

Das Europa des Ostblocks ist also wieder da, diesmal jedoch unter anderen Umständen. Dort, wo Masse nicht automatisch Klasse bedeutet, ist es stark genug, um sich nicht dorthin zu bewegen, wo es nicht hin möchte. Es ist aber gleichzeitig zu schwach, um ordnend zu wirken. Weiterhin nur auf sich selbst gestellt könnte es ziemlich »erfolgreich« negieren – aus Enttäuschung heraus, aus Mangel an Eliten, aus Ehrgeiz und Unkenntnis. Als »dauerhaftes Intermezzo« hat das Europa des Ostblocks eine große Chance, die »Destroika« westwärts zu tragen.

Diejenigen, die an die Steuerbarkeit der Instabilität glauben, indem sie die Destroika-Allüren rationalisieren oder entschuldigen, gehen meistens von folgenden Konstruktionen aus:

Sie billigen einen Raum für kontrollierte Interessen. Dabei sprechen sie gerne von der Notwendigkeit, keine neue Grenze zu errichten, verschweigen aber, dass sie an der alten festhalten wollen.

Sie betonen das Prozessuelle. Die beunruhigten Osteuropäer werden mit der Behauptung getröstet, dass die Entwicklung ohnehin auf Eingliederung hinzielt, sie sollen sich also gelassener verhalten und abwarten, bis der dunkle Fluss den gewünschten Fisch hergibt.

Sie verbreiten aus demselben Gedankengut die Idee, dass das Intransparente im Osten zumindest transparente Machtinteressen hat und durch deren Wahrung transparenter wird.

Hinter all diesen vernünftigen, ja praktischen Überlegungen steht die alte europäische Vernunft und die noch ältere politische Praxis. Es ist die wieder belebte Steuerungsutopie als Spiegelbild der Destroika gedanklicher Muster – der erste Erfolg derselben, die erste Warnung allerseits, dass man den Kalten Krieg doch noch verlieren könnte.

Erst auf dem Gebiet einer Destruktion, der total reduzierten Differenzen, sind die gestrigen Machthaber in neuen folkloristischen Mänteln konkurrenzfähig, das heißt frei vom Albtraum der Komplexität. Um dies zu verhindern, hat man schon einige Regeln für unsere verflochtene Welt ausgesprochen: Stabilität darin ist nicht Beharrlichkeit, sie ist wendig. Selbstständigkeit darin ist abhängig. Man kann heute nur abhängige Staaten gründen, wenn man sie erhalten will.

Abhängigkeit heißt Anpassung, aber Anpassung heißt Erweiterung, Öffnung. Man passt sich nach oben an, nach unten fällt man auseinander – ungeachtet der Wünsche und Divisionen. Und noch tschetschenischer: Wenn es wackelt, sind keine Vollstreckungsbefehle zu erteilen. Der Durchführende muss die Durchführung mitgestalten und sein Intellekt darf nicht schwächer sein als der des Machtzentrums.

Transparenz des Zentrums ist somit technologisch nötig, nicht bloß moralisch. Das Zentrum ist jedoch demoralisierbar, wenn es sich dumm verhält. Die Durchführenden in der neuen Welt sind eben ein Teil der subjektiven, nicht der objektiven Realität.

Die Umgestaltung des Ostblocks

Die Erfahrungen aus den Jahren des Sozialismus – des nationalen und des internationalen Sozialismus – lassen sich als Geschäftsleitsätze zusammenfassen: Seien Sie auf der Hut vor Utopien – gleichgültig ob auf die Vergangenheit oder die Zukunft orientiert. Utopien erscheinen in den Geschäftsbüchern solide geführter Staaten immer als Konkursschuld. Eine Schuld auf Kosten zukünftiger Generationen! Wir und sie zahlen für die nationalistische Begeisterung unserer Großväter und Väter. Lassen wir uns für keines der Argumente gewinnen, die das Futurum oder das Präteritum politisieren, mit dem ihre Streitigkeiten begannen. Seien wir Relativisten, bezüglich der guten Meinung über uns selbst. Nehmen wir die Vorzüge unseres Gegenüber wahr! Für seine Schwächen haben wir längst ein geschultes Auge.

Die Umgestaltung der beschädigten Gesellschaft – des zerfallenen Ostblocks – braucht Impulse. Was sind jedoch Impulse ohne Rückwirkung auf jene, für die sie bestimmt sind. Impulse ohne feed back sind eine Quelle der »Ostalgie«, der Sehnsucht nach schlechten Zeiten.

Das Alte kann sicherer erscheinen. Rückschritt und Verarmung lassen sich nämlich garantieren, kontrollieren und »gerechter« zuteilen als Innovation und Wohlstand. Freiheit schmerzt – insbesondere am Anfang, wenn wir lernen müssen, sich in ihr wie Genesende nach einem komplizierten Bruch zu bewegen. Freiheit bedeutet wachsen und verbinden und nicht wuchern oder trennen.

Mit einer gewissen Verspätung, aber ebenso unbarmherzig kommt jene Welle, die den Kommunismus im Osten weggefegt hat, in den Westen zurück, um solche Institutionen und Bräuche in Frage zu stellen, die sich hinter der Mauer von Bipolarität wie ein angenehmes Nebenprodukt der Isolation entwickeln konnten. Paternalismus, Dirigismus, Allokation, politische Patronage – ein Leben über die Verhältnisse, Benachteiligung des Konsumenten zugunsten uneffektiver Produzenten, eine Politik risikoloser Arbeitsstätten als Belohnung für dieses oder jenes Klientel, die Auffassung, dass politische Parteien prinzipiell nicht für das Neue eintreten – das alles hat das kommunistische System zu Grunde gerichtet. Sofern ähnliche Techniken – wie auch immer abgemildert und verpackt – im Westen angewandt wurden, so werden diese in der Gluthitze neuer Welt-Komparation einer harten Prüfung unterzogen.

Die Fähigkeit feiner Differenzierungen, die durch den kulturellen und technologischen Druck des Westens gegeben ist, hat jene Energie geschaffen, die letztlich die osteuropäischen Mausoleen rissig machte. Sie hat gleichzeitig die Kräfte des europäischen Ostens freigemacht.

Der Zerfall des Ostblocks belegt mit besonderer Rasanz die These vom geoökonomischen Wettbewerb der Technologien und der intellektuellen und kulturellen Eliten der Gegenwart. Das sowjetische System hat darin als erstes der klassischen europäischen Zivilisation nicht widerstanden. Damit hat es allerdings ganz Europa vor ein Dilemma gestellt. Entstanden ist ein idealer Raum für Rückfällige aller Sorten. So wie bei uns zahlreiche gestrige Propagandisten eines »strahlenden Morgen« heute das »strahlende Gestern« entdecken, das – koste es, was es wolle – wieder hergestellt werden soll, oder erneut versprechen, das aufzuteilen, was sie nicht erwirtschaftet haben und nicht erwirtschaften können, so treten mittlerweile auch westeuropäische Mitmacher in Erscheinung. Etwas dezenter bieten sie Oasen der Auserkorenheit, von denen aus sie bestimmen wollen, wo wer hingehört, hauptsächlich jedoch, wo jemand nicht hingehört. Diese fatalen »Reduktionisten« sind eine Gattung, die Europa Anfang dieses Jahrhunderts in eine Blutwurst verwandelt und Jahrzehnte beherrscht hatte.

Die am weitesten verbreitete Spezies Westeuropas sind die »Stagnationisten«. Sie haben nichts Böses im Sinn. Gerne würde sie nur Dinge beibehalten – nicht so, wie sie waren, sondern so, wie sie sind. Einstweilen bilden diejenigen eine Minderheit, die an eine systemmäßige Veränderung denken, an eine Anpassung an die neue Komplexität in Richtung nach oben, an eine feinere Struktur des Systems, an dessen schnelleres und klügeres Reaktionsvermögen.

Damit wir Europäer am Ende dieses Jahrhunderts den grausamen Fehler unserer Vorfahren nicht wiederholen, anstelle des Muts zum Übergriff nur die Courage zu blutigen Reduktionen aufzubringen, bleibt nichts weiter übrig, als weiterhin auf eine Minderheit zu setzen: auf offene Köpfe und Herzen. Im Slang nichtfuturistischer Modelle einer bedingten Orientierungsmöglichkeit bezeichnet man offene Köpfe und Herzen als »Träger der Erweiterung«. Das bedeutet, dass das gegebene System geräumiger und sensibler wird. Nur so lässt sich eine neue Kalkulierbarkeit der Verhältnisse erreichen.

Ich gebe unumwunden zu, dass diese Erweiterer als Spezies mir am sympathischsten sind. Nur mit ihnen verwandelt sich Europa nicht in ein völkerkundliches Freilichtmuseum oder ein Sammelsurium frischer Heldenfriedhöfe, nur mit ihnen werden wir einander erneut suchen wie einst in besseren und längeren Perioden gemeinsamer Geschichte. Die Erweiterer allein zogen die richtige Lehre aus dem Zerfall des Ostblocks.

Diskussion

Moderator: Ulrich von Hehl

Ulrich von Hehl
Nachdem der erste Teil der Tagung im Zeichen der gewandelten außenpolitischen Rahmenbedingungen gestanden hat, die den Eisernen Vorhang zu Fall gebracht und damit auch die Vereinigung der beiden deutschen Staaten möglich gemacht haben, soll uns nun die Erosion des Ostblocks beschäftigen. Denn das besondere Interesse an den deutsch-deutschen Vorgängen wird nicht den Blick dafür verstellen, dass sie nur Teil globaler Umwälzungen waren, Folgen einer in der Ära Gorbatschow betriebenen Politik von Glasnost und Perestroika. Aber daneben waren es nicht zuletzt gravierende Anstöße aus Ungarn und Polen, die dem Aufbegehren in der DDR ein solch gewaltiges Echo einbrachten.

Jiři Gruša hat in bezeichnender Mischung von kompetenter Zeitzeugenschaft und philosophisch-literarischer Reflexion eindrucksvoll Symptome des Verfalls im Ostblock aufgezeigt und viele Stichworte für einen Meinungsaustausch geliefert. Er studierte Geschichte und Philosophie in Prag und arbeitete anschließend als Journalist und Schriftsteller. Seit seinen Berufsanfängen eckte er bei der Obrigkeit an und erhielt 1967 sein erstes Berufsverbot. 1979 veröffentlichte er auch auf Deutsch den Roman »Der 16. Fragebogen«, der sich mit dem Einmarsch der Roten Armee in Prag befasst. Das brachte ihm eine mehrmonatige Haft ein, aus der ihn unter anderem die Fürsprache Heinrich Bölls befreite. 1981 bürgerte die tschechoslowakische Regierung Gruša anläßlich eines Auslandsaufenthaltes aus. Gruša lebte fortan in der Bundesrepublik und beobachtete von dort aus die Entwicklungen in seiner Heimat. Erst im November 1990, nachdem sich die Dinge auch in Prag gewandelt hatten, kehrte er wieder zurück. Jiři Gruša war zunächst für einige Jahre Botschafter der Tschechoslowakei und dann der tschechischen Republik in Deutschland. 1997 amtierte er kurzfristig als

Bildungsminister im Koalitionskabinett Klaus. Heute ist er Botschafter der Republik Tschechien in Österreich.

Kazimierz Woycicki, eines der drei weiteren Mitglieder dieses Podiums, stand nach dem Studium der Philosophie, Politikwissenschaft und Neuesten Geschichte langjährig in politischer Opposition. Er war kritischer Publizist in Polen, beschäftigte sich früh und intensiv mit deutschen Phänomenen und galt nach der Gründung der Solidarność als deren Deutschlandexperte. Kazimierz Woycicki wirkte als Sekretär in Lech Wałesas Bürgerkomitee mit und meldete sich wiederholt mit Publikationen zu Wort, unter anderem 1989 mit dem Werk »Müssen wir vor den Deutschen Angst haben?«. Eine rhetorische Frage, die der Autor sehr eindeutig beantwortete. Als Leiter des Instituts für deutsche und nordeuropäische Studien in Stettin beschäftigt er sich nach wie vor mit historischen und politischen Fragen.

Markus Meckel, Vertreter der Bürgerrechtsbewegung in der früheren DDR, wurde als Pfarrerssohn aus politischen Gründen von der Erweiterten Oberschule verwiesen und machte an einer kirchlichen Einrichtung das Abitur. Er studierte anschließend Theologie und lernte während seiner Tätigkeiten im Pfarrdienst und in der ökumenischen Initiative die repressive Seite der DDR-Staatsmacht nachhaltig kennen. Im Oktober 1989 gründete Markus Meckel mit anderen Mitstreitern die »Sozialdemokratische Partei in der DDR« (SDP), die später den Namen ihrer Schwesterpartei in der Bundesrepublik, SPD, annahm. Markus Meckel war 1990 im Kabinett von Lothar de Maizière Außenminister, nahm in dieser Eigenschaft an den Zwei+Vier-Verhandlungen teil und beteiligte sich auch nach der Wiedervereinigung immer wieder – nicht zuletzt durch seine Tätigkeit in den Enquetekommissionen des Deutschen Bundestages – an der öffentlichen Diskussion.

Nikolai Portugalow, einer der »Germanisten« im Zentralkomitee der KPdSU und langjähriger Deutschlandkenner, war nach seinem Studium der Rechtswissenschaft, der Geschichte und der Germanistik seit den frühen fünfziger Jahren journalistisch tätig. Von 1972 bis 1978 arbeitete er als führender Korrespondent der Presseagentur »Nowosti« und der Zeitschrift »Literaturnaja Gaseta« in Bonn, wo er unmittelbar mit Fragen der deutsch-sowjetischen Beziehungen in Berührung kam. Nikolai Portugalow war enger Mitarbeiter und Freund Valentin Falins und gilt als einer der Vordenker in Deutschlandfragen im ehemaligen Zentralkomitee.

Diskussion

In dieser Diskussion soll es vor allem um die innenpolitische Sicht gehen, um Anzeichen des bevorstehenden Umbruchs, die vor Ort in den einzelnen Ländern wahrgenommen werden konnten. Mit Hilfe dieser verschiedenen Perspektiven und der von Klaus Hildebrand prognostizierten langjährigen Diskussion werden wir eines Tages vielleicht ein hinreichend genaues Bild dieser faszinierenden Vorgänge von 1989/90 zeichnen können, das auch spätere Generationen noch überzeugt.

In der ersten Diskussion wurde gefragt, ob die geradezu tektonische Verwerfung von 1989 Zufall oder Notwendigkeit gewesen sei. Nach dem Referat Dennis Barks könnte man fast von einer zwangsläufigen Entwicklung sprechen, als sei heute klar, dass die Dinge sich so und nicht anders hätten entwickeln müssen. Aber warum haben das damals so wenige gesehen? Warum sind wir alle – oder doch die meisten von uns – von der Entwicklung überrascht worden? Warum haben wir selbst von führenden Staatsmännern, wie etwa von Gorbatschow, hören müssen, sie hätten auf die rasante Entwicklung nur reagieren können? Konnten Politiker wie François Mitterand und Margret Thatcher in der Tat nichts anderes tun, als erst einmal abzuwarten?

Wer war denn nun für diese tiefgreifenden Entwicklungen verantwortlich? Wir haben bislang nach den »Tätern«, den »Machern« gefragt, jetzt sollten wir nach den Völkern, nach den Menschen auf der Straße fragen, die passiv oder murrend die Herrschaft eines Systems über viele Jahre hingenommen haben, bis sie nicht nur in Leipzig, sondern auch in Prag, Warschau, Budapest und anderen Ortes gesagt haben: »Jetzt ist Schluss!« Nachdem schon eine Reihe von Erklärungsversuchen für das Verschwinden des »Eisernen Vorhangs« gegeben wurden, liegt es nahe, auch diesem Podium die Frage zu stellen: Was hat die Mauer zum Einsturz gebracht? Waren es die langen Traditionen der Bürgerrechtsbewegungen in der ehemaligen Tschechoslowakei und in Polen? Waren es der Prager Frühling, die Charta 77, die Gründung der unabhängigen Gewerkschaft Solidarność? Waren es die ungarischen Reformer und ihr Mut, schon im Sommer und Herbst 1989 die Grenze zu öffnen und damit, wie wir heute wissen, eine irreversible Entwicklung einzuleiten? Oder waren es die Auswirkungen der amerikanischen Nachrüstung unter Ronald Reagan auf die sowjetischen Überlegungen und insbesondere auf die sowjetische Reformpolitik? Auch ließe sich fragen, ob die Entspannungsbemühungen der Bundesregierung in den siebziger Jahren die DDR-Opposition eher ermutigt oder ihrerseits dazu beigetragen haben, die Lebensdauer des Regimes zu verlängern und die Überlebensstärke des Ostblocks zu überschätzen.

Zunächst möchte ich aber die Frage nach den Traditionen der Bürgerrechtsbewegung in Polen und der ehemaligen Tschechoslowakei stellen und um eine Einschätzung bitten, wie diese Traditionen erodierend auf das System gewirkt haben.

Jiří Gruša
Die Großwetterlage war zunächst nicht in unserer Hand, aber nachdem sie sich geändert hatte, lag sie in den Händen der Oppositionellen. Das war die erste Bedingung. Die zweite Bedingung war der Rückgriff auf die eigene Tradition. Sie können das in allen diesen Ländern beobachten. Ich war immer überrascht, welche Spur wir damals hinterlassen haben.

Nicht Reagan hat die Mauer gestürzt, sondern das haben die Menschen in Leipzig und Berlin getan. Es war also ein Wallungsprozess. Die Machtpolitiker können vielleicht die Schleusen öffnen, aber was dann aus dem Strom wird, entscheidet eine andere Kraft. Und die Entscheidung war hier eindeutig: die deutsche Wiedervereinigung.

Kazimierz Woycicki
Angeblich hat dieser Sieg viele Eltern: das Volk in Deutschland, die Solidarność-Bewegung mit dem polnischen Papst, alle Dissidenten und oft gilt auch Gorbatschow als Vater dieser Revolution. Damit versuchen wir, jeder für sich, diese Geschichte ziemlich traditionell zu verstehen – manchmal auf der Machtebene der Großmächte, manchmal auf der Ebene der einzelnen Bewegungen. Ich glaube, der Zerfall des Ostblocks ist eine unglaublich komplizierte Sache.

Als Dennis Bark über die Rolle der neuen Technologien sprach, kam mir sofort eine Geschichte in den Kopf: In den achtziger Jahren, am Anfang des Internets also, haben polnische Physiker viele Informationen aus dem Institut für Physik der Universität Warschau per Internet in den Westen schicken können, da den Sicherheitsorganen dieses Netzwerk noch nicht bekannt war. Das Internet spielte für uns eine sehr große Rolle.

Diese Bewegungen und die Machtfaktoren Reagan, Gorbatschow und andere Führungspolitiker spielten alle eine wichtige Rolle. Ich glaube aber, dass es auch eine politisch-historische Frage ist, wie wir das alles interpretieren. Das Jahr 1989 war ein Ende und ein Anfang. Wenn wir allerdings bedenken, dass die Mehrheit der Staaten des ehemaligen Ostblocks eine möglichst baldige Mitgliedschaft in der Europäischen Union und in der NATO anstreben, sollten wir überlegen, ob der Anfang nicht zu einem früheren Zeitpunkt anzusetzen ist. Meines Erachtens nach hat die europäische Osterweiterung in den siebziger Jahren begonnen und sich stufenweise entwickelt. Die Menschenrechte, eine Idee des Westens, gaben dabei der gesamten politischen Kultur im Ostblock, besonders aber der politischen Kultur im Untergrund einen unglaublich wichtigen Impuls.

Warum war die Revolution nicht nur antikommunistisch und nicht nur nationalistisch? In Polen zum Beispiel hätten wir dafür alle Bedingungen gehabt: eine sehr lange antirussische Tradition, eine russische Okkupation seit dem 18. Jahrhundert. Aber es war eine Solidarność-Bewegung, eine von vornherein demokratische und emanzipatorische Bewegung. Und es war eine europäische Entwicklung.

Inwieweit hat Osteuropa die europäische Integration und die europäische Kultur im Nachhinein beeinflusst? Was ist Europa? Ist es ein Kontinent der Zivilbürger oder ist es ein Kontinent der Institutionen? Die Zivilbürger in Osteuropa haben bereits Jahrzehnte vor 1989 begonnen, sich zu organisieren. Das ist ein wichtiger Aspekt bei der Analyse der heutigen Prozesse.

Die Interpretation der Geschichte ist natürlich nicht stabil, sondern sie verändert sich ständig. Auf die Frage nach der Rolle der Bürgerbewegungen würde ich gerne eine Gegenfrage stellen: Wie bewahren zum Beispiel die Deutschen diese Bewegungen in ihrer Erinnerung? Warum wurde niemand aus Mitteleuropa eingeladen, bei der Veranstaltung im Bundestag am 9. November zu sprechen? Uns von Zeit zu Zeit zu loben, ist noch keine Geschichtspolitik. Zu wiederholen, was das deutsche Volk gemacht hat, ist in gewissem Sinne sympathisch, aber die breiteren europäischen Zusammenhänge der Vereinigung sollten dabei berücksichtigt werden.

Die erste Lehre von 1989 ist: Wir sind alle voneinander abhängig und es gibt in dem Sinne keine polnische, keine deutsche Geschichte, keine Geschichte nur der Bürgerbewegungen. Es ist alles wesentlich komplexer und die historischen Interpretationen schaffen die Zukunft. Wenn wir von einem »Europa von unten« sprechen und davon, Europa als Europa der Zivilbürger zu sehen, dann ist es notwendig, die komplexen politischen Situationen der siebziger und achtziger Jahre in Mittel- und Osteuropa mit einzubeziehen.

Wir dürfen die Charta 77 oder die Solidarność nicht für sich allein betrachten, sondern im Gesamtzusammenhang. Darin liegt auch ihre Bedeutung. Tun wir das nicht, wird sich das negativ auf die Politik auswirken. Das gilt auch für unsere Haltung gegenüber Russland. Lange Zeit hat man Andrej Sacharow, Andrej Amalrik, Wladimir Bukowskij und eine ganze Reihe russischer Dissidenten als große Bürger Europas gesehen. 1989 waren sie plötzlich vergessen. Heute suchen wir in Russland kaum noch einen Demokraten. Es gibt nicht mehr den Idealismus, wie damals in Amerika, dass jede Gesellschaft eine Demokratie schaffen kann. Wir suchen keine Demokratie mehr in Russland.

Jiří Gruša stellte am Anfang seines Vortrags die Frage: Existiert noch Kommunismus? Für mich existiert immer noch in gewissem Sinne Kommunismus. Russland ist immer weithin kommunistisch gewesen. Sollen wir nun Russland ausgrenzen oder sollen wir mit den Menschen dort einen ernsten Dialog führen? Das würde aber auch bedeuten, dort nach demokratischen Bürgern zu suchen und nach den Ideen, die für den Zerfall des Ostblocks so wichtig waren: Demokratie, individuelle Freiheiten, ein kritisches Geschichtsbild.

Erstaunlicherweise hat niemand Gorbatschow die banale Frage gestellt, inwieweit er selber von Sacharow, von der Solidarność und der Charta 77 beeinflusst war. Aber auch das ist eine Frage der Geschichtspolitik.

Ich glaube, unsere Verarbeitung der Revolution von 1989/90 ist bis heute ziemlich naiv. Wir besitzen kein Reservoir an möglichen Interpretationen, was jedoch für eine gute Politik in der Zukunft nötig wäre.

Ulrich von Hehl
Kazimierz Woycicki hebt sehr stark darauf ab, dass die Freiheitsbewegung, die mit dem KSZE-Prozess Mitte der siebziger Jahre vorangetrieben worden ist, gewissermaßen der Keim der späteren Entwicklung gewesen sei. Er plädiert ebenso nachhaltig dafür, die Bürgerrechtsbewegungen nicht national verengt zu sehen, sondern über die Grenzen hinweg zu schauen. Ich möchte dies zum Anlass nehmen, Markus Meckel um sein Wort zu bitten, weil er mit der Bürgerrechtsbewegung direkt angesprochen worden ist.

Markus Meckel
Wir diskutieren, wenn wir über eine europäische Revolution sprechen, nicht nur über nationale, sondern auch über europäische Dimensionen. Aus den Gesellschaften heraus ist ein neues politisches Subjekt entstanden. Es gab nicht mehr nur die Politik der »Männer, die Geschichte machen«, sondern auch die Politik der Bewegungen von unten. Die Frage stellt sich, was wichtiger war, und zumindest muss man beide in ein entsprechendes Verhältnis setzen. Die Bewegungen von unten hatten etwas mit den Perspektiven, Ideen und Fragen der Aufklärung und der Menschenrechtspolitik zu tun. Sie versuchten Rechte einzuklagen, die in einer europäischen Tradition standen. Das sind wichtige Dimensionen, die der Westen oft unterschätzte, weil er glaubte, die Herrschenden seien die einzigen Verhandlungspartner. Es herrschte die Auffassung: Wenn sich Gorbatschow und Reagan oder Gorbatschow, Bush und Kohl gut verstehen, dann wird die Welt schon gut. Genau das aber bezweifle ich.

Wir müssen zwei Dinge deutlich unterscheiden: die Politik vor dem 9. November 1989 und die Politik danach. Der 9. November ist ein zentraler Einschnitt, auch aus heutiger Perspektive. Die Wiedervereinigung war eine Hoffnung, eine Perspektive – in der alten Bundesrepublik eine Perspektive des Grundgesetzes mit dem Auftrag, auf eine Wiedervereinigung hin zu wirken –, aber kein Ziel operativer Politik, weder von Helmut Kohl noch von der Sozialdemokratie und auch nicht von Reagan. Man hielt Perspektiven und Rahmenbedingungen offen, aber niemand glaubte, dass die deutsche Einheit operativ in absehbarer Zeit erreichbar sei.

Die Entspannungspolitik Willy Brandts ab 1969 war für uns im Ostblock ein Segen und wir unterstützten sie. Sie führte zur KSZE 1975, zu den Öffnungen, zur Verbindung von Menschenrechts- und Wirtschaftsfragen und zu den »Drei Körben«. Die Entspannungspolitik öffnete uns neue Perspektiven, schuf neue Zugangsmöglichkeiten zu Informationen und war ein wesentlicher Rahmen dafür, dass in den Gesellschaften Bewegung entstehen konnte. Unsere Kritik in den achtziger Jahren richtete sich besonders dagegen, dass die westlichen Machtpolitiker diese Bewegung aus der Gesellschaft heraus nicht ernst nahmen und nicht als Partner sahen. Nach wie vor herrschte die Meinung, nur durch die Veränderung der Spitzen etwas erreichen zu können. Als wir in der DDR die sozialdemokratische Partei gründeten, lehnten wir es nicht ab, dass die westlichen Staaten mit Honecker redeten, sondern wir waren durchaus für einen ständigen Dialog mit Honecker und Gorbatschow. Aber Honecker und Gorbatschow waren nach unseren Vorstellungen nicht die eigentlichen Partner des Westens, sondern wir. Es ist wichtig, auch mit Diktatoren zu reden – auch heute mit China, Iran, Irak. Da zeigt sich ein Bezug zu aktuellen politischen Fragen: Wie gehen wir heute mit Diktaturen um? Welche Rolle spielen dabei die Menschenrechte? Wie gehen wir mit der demokratischen Opposition in diesen Ländern um, mit den Bürgern dieser Länder, wenn sie in Deutschland Asyl suchen und dann hier leben? Wie versuchen wir, Kontakte zu den Menschen in diesen Ländern aufzunehmen? Wie stark waren zum Beispiel die Kontakte zu den wirklichen Demokraten in Russland und wie weit hofft man heute auf Garanten einer Demokratie in Russland – so wie man damals auf Gorbatschow gehofft hat und dann auf Jelzin?

Zum Verhältnis von Freiheit und Einheit: Oft scheint es, dass die deutsche Einheit ein Teil des Glaubensbekenntnisses gewesen sei, doch das war sie nicht. Auch wir in der Bürgerrechtsbewegung wollten nicht unmittelbar die deutsche Einheit, sondern wir wollten Freiheit und Demokratie. Es war uns klar, nachdem am 9. Oktober 1989 nicht geschossen worden war, dass wir es mit der Demokratie schaffen würden und dass es in einer demokratischen DDR keine Mauer mehr geben dürfe. Nach dem 9. Oktober 1989 war die Mauer also für uns nicht mehr das Problem. Es blieb nur noch die Frage der Reihenfolge in der Bewältigung der Aufgaben. Wir konnten nicht alles auf einmal tun. Die erste Aufgabe war die Demokratie, die nächste Aufgabe die Gestaltung der Beziehungen zwischen den beiden deutschen Staaten und die Gestaltung der deutschen Einheit. Bezüglich der zweiten Aufgabe änderte sich in diesen Wochen ständig die Perspektive. Ich halte es für wichtig, diesen damaligen Perspektivenwechsel Woche für Woche genau zu analysieren, damit wir nicht in ein allgemeines und sehr vereinfachtes Schema verfallen: Die einen waren für die Vereinigung, die anderen waren es nicht.

Es ist wichtig, deutlich zu machen, was das bewirkt hat. Als vor einigen Jahren ein bekannter deutscher Politiker im Deutschen Bundestag sagte, er freue sich, dass 16 Millionen Ostdeutsche durch die Einheit die Freiheit bekommen hätten, war ich entsetzt. Niemandem sonst ist jedoch der Unsinn dieser Äußerung aufgefallen. In der Realität war es umgekehrt: Weil die Freiheit erkämpft wurde, war die Einheit möglich. Aber diese falsche Perspektive spielt bis heute eine zentrale Rolle bis hin zu der vielfachen Beschreibung des 9. November. Die Mauer ist überrannt worden, aber nicht von Bush, Gorbatschow oder Kohl, sondern vom Volk – im Rahmen dessen, was als Teil der europäischen Revolution in der DDR in diesen Tagen passiert ist.

In Gedenkreden, in denen das Selbstverständnis eines Gemeinwesens immer wieder deutlich wird, taucht stets die Frage auf: Wem verdanken wir die deutsche Einheit? Natürlich wurde hier immer zuerst Helmut Kohl genannt und dann Gorbatschow und Bush. In der zweiten Hälfte wechselt die Reihenfolge: erst Bush und dann Gorbatschow. Alle Reden loben des weiteren die mutigen Bürger in der DDR, die zu Hunderttausenden auf den Straßen der DDR demonstrierten. Das heißt, die Menschen in der DDR waren so wahnsinnig mutig, auf die Straße zu gehen; und zwar zu Hunderttausenden – nur deshalb haben sie sich getraut, haben es immerhin gewagt, ein Schild hochzuhalten: »Wir sind das Volk!«, »Wir sind ein Volk!« – das sind die beiden Schlagworte, die im Gedächtnis bleiben. Den Druck geschaffen und politisch gehandelt haben dann wieder die ersten Drei. Das ist die Perspektive, die in Deutschland üblich ist. Es ist bis heute nicht gelungen deutlich zu machen, dass auch in der DDR politisch gehandelt wurde, dass es hier den Druck des Volkes auf den Straßen gab, ohne den die politischen Gruppierungen der Opposition nicht hätten wirksam handeln können. Aber dass wiederum nur der Druck des Volkes das System gekippt hätte, stimmt auch nicht. Es war ein Zusammenspiel der Bewegungen von unten und der politischen Akteure mit ihren konkreten Strategien. Diese Dualität ist für das Verständnis des Herbstes ausgesprochen wichtig.

Ich würde den Weg in die deutsche Einheit als einen institutionellen Weg der Selbstbestimmung der Ostdeutschen beschreiben – Selbstbestimmung der Ostdeutschen, weil wir erhobenen Hauptes in die deutsche Einheit gegangen sind. Das haben sowohl im Westen als auch im Osten die Allermeisten vergessen. Nicht Amerika, nicht Kohl haben erst Honecker und dann Krenz gestürzt, sondern dies geschah in der DDR – natürlich in dem Rahmen, den der Westen geschaffen hatte, zu dem Gorbatschow, die Fluchtbewegung, die Öffnung der Grenzen und zu dem die ganze politische Vorgeschichte gehörten. Dann kam der »Runde Tisch«, den manche für die wahre Demokratie gehalten haben. Das konnte er natürlich nicht sein, aber er war eine notwendige Krücke auf dem Weg zur parlamentarischen Demokratie. Bis heute ist es nicht möglich, dass der Deutsche Bundestag dieses entsprechend würdigt. Tausende Menschen haben am zentralen Runden Tisch, an den Runden Tischen in den Bezirken, in den Kreisen und in den Städten konkrete Politik gemacht und versucht, Strukturen zu verändern. Wir hatten eine frei gewählte Volkskammer und eine frei gewählte Regierung, welche die Verträge zur deutschen Einheit aushandelte.

Die Rolle der DDR konnte – da stimme ich Christian Hacke völlig zu – nicht groß sein. Die Alliierten und die alte Bundesrepublik hatten das erste Beamtentreffen zu den Zwei+Vier-Verhandlungen bereits vier Tage vor der freien Wahl einberufen, weil ihnen offensichtlich völlig egal war, ob es eine legitimierte DDR-Regierung gab oder nicht. Die DDR war als Akteur von vornherein nicht eingeplant.

Eine frei gewählte Volkskammer beschloss den Beitritt – den konnte man nicht im Westen beschließen, sondern den konnten nur wir beschließen – und dann wurde die Einheit vollzogen. Institutionell wurden alle Träume wahr. Das wird allzu oft vergessen – sowohl von vielen Ostdeutschen, die über »Kolonisierung« klagen und nicht mit Selbstbewusstsein diesen Vereinigungsprozess betrachten, als auch von vielen Westdeutschen, die glauben, die Einheit wäre nur von ihren Politikern ermöglicht worden.

Ulrich von Hehl
Das Thema unserer Diskussion lautet nicht »Wiedervereinigung« und »das Verhältnis der beiden deutschen Staaten zueinander«, sondern »Zerfall des Ostblocks«. Das ist mehr und auch wesentlich schwieriger auf eine Formel zu bringen.

Wir haben eine ganze Reihe sehr unterschiedlicher Antworten bekommen, die dem, was in der ersten Diskussion erörtert wurde, in manchem widersprechen. Es wird unsere Aufgabe sein, in einem längeren Diskussionsprozess verschiedene Deutungsbilder zu entwerfen. Niemand wird ein Monopol für seine Sicht der Dinge beanspruchen können.

Es hat den Anschein, als habe es keine operative Politik gegeben, die mit einem konkreten Programm auf die Wiedervereinigung hingearbeitet hätte, zumindest nicht vor dem 9. November 1989. Wie ist in diesem Zusammenhang das freudige Erstaunen Horst Teltschiks zu bewerten, als Nikolai Portugalow ihm bei einem Besuch am 21. November 1989 von offiziellen und inoffiziellen Überlegungen in seinem Kreis berichtete? Nikolai Portugalows Bericht löste ja in Bonn überhaupt erst das Nachdenken darüber aus, dass man in der Sowjetunion schon sehr viel weiter mit diesen Fragen war als angenommen. Wie muss man außerdem die Wirkung der Nachrüstung Reagans auf die Reformpolitik Gorbatschows einschätzen?

Nikolai S. Portugalow
Jedem, der etwas von der Situation in Europa verstand, wurde schon in den siebziger Jahren klar, dass die größte Nation Europas – das »stählerne Herz« inmitten des Kontinents – nicht auf Dauer zweigeteilt bleiben könne. Es blieb lediglich die Frage, wie lange – und das ist sub specie aeternitatis. Hätte es noch 20 bis 30 Jahre gedauert, hätte das, historisch gesehen, im Rückblick wohl niemanden gequält.

Die machtpolitischen Verhältnisse waren einmalig. Gorbatschow stellte sich fast bis zur berühmten Politbürositzung am 26. Januar 1990 gegen die Wiedervereinigung. Er war sogar gegen eine deutsch-deutsche Konföderation oder auch eine mitteleuropäische Konföderation. Die polnische und die tschechische Revolution haben ihn vielleicht beeinflusst, aber nicht entscheidend. Der Warschauer Pakt pfiff damals zwar schon aus dem vorletzten Loch, aber er war noch da. Es bestand außerdem ein riesiger Unterschied zwischen der Bedeutung Polens, Ungarns und der Tschechoslowakei und der Bedeutung, welche die DDR für uns hatte. Wir hatten akzeptiert, dass die Ungarn die lustigste Baracke im sozialistischen Lager aufgebaut hatten und dass die Polen Jaruzelski kaltgestellt und den ersten nicht kommunistischen Ministerpräsidenten gewählt hatten. Das schien uns nicht allzu gefährlich zu sein.

Viele stellten uns post factum die Frage: Wieso habt ihr nicht auf Sacharow oder auf Solschenizyn gehört? Soweit ich weiß, hat Solschenizyn nicht ein einziges Mal über die deutsche Einheit gesprochen, das interessierte ihn nicht. Sacharow war im Sommer 1989 bereits tot. Er hatte zur deutschen Frage vielleicht einmal Stellung genommen, aber zum unmittelbaren Brennpunkt seiner Interessen gehörte sie nicht.

Gorbatschow hielt an der Idee eines gesamteuropäischen Hauses fest. Mit seinem Befehl, die Panzer nicht rollen zu lassen, zeigte er das Format eines wirklich großen Staatsmannes. Selbstverständlich hatte Gorbatschow damals im Hinterkopf, dass man keine Panzer nach Warschau geschickt hatte. Die DDR war jedoch im Unterschied zu Polen das Rückgrat unseres gesamten Verteidigungssystems. Die sowjetischen Eliten waren daran gewöhnt, von der DDR zwar nicht Weltqualität zu bekommen, aber immerhin viel Besseres, als wir es selber produzieren konnten. Sich vorzustellen, ohne die DDR weiterzuleben, das war fast wie bei Schillers Wallenstein: »Ohne dich zu leben, habe ich noch nie gelernt.« Gorbatschows Verzicht auf ein militärisches Eingreifen war eine der Voraussetzungen für die positive Entwicklung hin zur deutschen Wiedervereinigung.

Eine weitere Voraussetzung war die amerikanische Position. Gorbatschow wollte lange nicht daran glauben, dass die DDR sich mit der Bundesrepublik vereinigen musste. Wir wussten allerdings schon lange, dass die DDR an einer sehr kurzen goldenen Kette Bonns lag und dass wir von Honecker beschummelt wurden. Als wir 1987 mit der amerikanischen Atompistole im Rücken den Kalten Krieg verloren und den INF-Vertrag unterzeichnet hatten, war der weitere Verlauf an sich schon entschieden. Unsere Germanistenfraktion drängte darauf, der Bundesrepublik jetzt eine Offerte zu machen. Wir hatten im Hinterkopf die Idee der Umkehr der Bündnisse, die Idee der Umkehr der Allianzen in Europa. Doch wir waren eine Minderheit. Im Sommer 1989 warnte Henry Kissinger den amerikanischen Präsidenten, dass Kohl sich sicherlich mit wehenden Fahnen auf den Sonderweg begäbe, wenn die Russen ihm eine verlockende Offerte machten. Das hat Bush tief beeindruckt.

Die dritte und vielleicht wichtigste Voraussetzung war natürlich das Volk der DDR. »Wir sind das Volk!«, »Wir sind ein Volk!« – das klang großartig und jeder anständige Mensch in Russland war begeistert, dass keine Panzer rollten. Mielke hätte nie riskiert etwas zu unternehmen ohne sowjetische Panzer im Rücken.

Die »Implosion« des Ostblocks hat noch nicht aufgehört und das Epizentrum dieser Implosion befindet sich in Russland. Und das ist äußerst gefährlich. Hier schließe ich mich vorbehaltlos Jiři Grušas Meinung an.

Es gibt aber auch prinzipielle Unterschiede. Das Geschehen jenseits von Gut und Böse zu betrachten, ist mir ein wenig zu riskant. Ich habe eher den unguten Eindruck, dass es sich in Richtung des Bösen entwickelt. In Polen, in Tschechien und in Ungarn sind die Zustände noch passabel. Bei uns ist es kaum noch zu ertragen.

In vielen Ländern stand die Masse der Bevölkerung der deutschen Wiedervereinigung gleichgültig gegenüber. Sicherlich weint in der ehemaligen DDR keiner der Vergangenheit eine Träne nach, aber etwas »übersichtlicher« waren die Verhältnisse schon gewesen. Die Nischenexistenzen, die Paritäten, die alten Missstände und Gefahren sind beseitigt, aber jetzt haben wir neue Gefahren. Lord Ralf Darendorf, einer der Väter des europäischen Gedankens, stellt heute die Frage, ob Globalisierung und informative Explosion überhaupt mit Solidarität und normalem menschlichen Leben unter Dach und Fach gebracht werden können. Den Zerfall des sowjetischen Reiches hat leider nicht jeder verstanden, also auch nicht, dass, wenn ein Reich zerfällt, manche andere Federn lassen müssen. Aber trotzdem bedeutet das nicht eine wachsende Gefahr. Wir gehören nicht zur Europäischen Union und werden ihr nie angehören können, dazu sind wir zu groß. Aber eine Brücke nach Asien mit demokratischen Verhältnissen könnten wir sein. Doch in diese Lage kommen wir in absehbarer Zeit leider nicht.

Ist die weitere NATO-Osterweiterung völlig auszuschließen? Sicherlich nicht, aber wozu hat die Allianz es eigentlich gebracht? Doch nicht zu mehr als zu einem deutschen Hinterland in Mitteleuropa. Was hat die NATO denn Großartiges in Europa geleistet? Zwei NATO-Protektorate, die mich klar an den Limes der Pax Americana erinnern. Wenn die amerikanischen Brigaden im Balkan abzögen, käme es wieder zu nationalen Kriegen, denn der Nationalstaat ist nicht einfach wegzudenken. Timothy Garton Ash hat einmal gesagt, nicht jedes Volk besitzt die nötigen Voraussetzungen dafür, ein Staat zu werden. Aber alle sind zutiefst davon überzeugt, dass sie es könnten.

Eine letzte Anmerkung zur Europäischen Union: Wie sollen sich 20 Mitglieder in der Europäischen Union gleichberechtigt zusammenfinden, wenn das Niveau der früheren Ostblockländer noch sehr weit von dem ihrer westlichen Verbündeten entfernt ist? Ich bin der Auffassung, dass die Europäische Union mit 20 Mitgliedern überhaupt nicht lebensfähig ist. Allein die Differenzen in den deutschen und französischen Staatsauffassungen machen das Funktionieren der Europäischen Union kaum denkbar. Was die gemeinsame Sicherheits- und Außenpolitik betrifft, sehe ich da nicht viel mehr als das ewig aufgeklebte Lächeln Javier Solanas und virtuelle Konturen der EU-Eingreiftruppen.

Der Zerfall ist immer noch da, Herr Gruša, da haben Sie Recht. Doch Sie hoffen auf »offene Herzen und klare Köpfe«. Ist das nicht ein bisschen zu wenig?

Ulrich von Hehl
Ist die Befürwortung der NATO-Mitgliedschaft Ungarns, der tschechischen Republik oder Polens durch die Westmächte wirklich so unverständlich? Die Westmächte haben auch sehr darauf gedrungen, dass das vereinigte Deutschland in diesen Bündnissen und in der Europäischen Gemeinschaft bleibt, weil diese Bündnisse Schutz für alle ihre Mitglieder bieten – auch Schutz voreinander.

Lassen Sie mich noch eine These zur Diskussion stellen: Dass diese große Revolution von 1989/90 – auch wenn sie in Teilen noch weiter gehen mag – weitgehend unblutig verlaufen ist, ist eine eminente Leistung, die noch nicht entsprechend gewürdigt wurde. Ein Grund für die friedliche Entwicklung war sicher der Verzicht auf den Einsatz militärischer Gewalt. Die polnische Politologin Wolff-Poweska stellt aber auch die These auf, dass diese Revolution durch humanitäres Gedankengut und politisches Kalkül der Demonstrierenden geprägt und eben dadurch in ihren Auswirkungen begrenzt oder, wie sie es sagt, »gezähmt« worden sei.

Kazimierz Woycicki
Ich muss die Feststellung, dass alles unblutig verlaufen sei, relativieren. Wenn wir über das Jahr 1989 sprechen, verlief es nur in Rumänien blutig. Sprechen wir jedoch über die Vorgeschichte der Revolution, über die Jahre 1953 in der DDR, 1956 in Ungarn, 1970 in Polen und 1981 in Polen, dann müssen wir feststellen, dass damals zahlreiche Menschen verhaftet und ermordet worden sind. Das trug auch dazu bei, dass dieses System zerfiel. Das sollten wir nicht vergessen und die Geschichte nicht beschönigen.

Vielleicht waren die Machthaber bereits erschöpft und besaßen keine wahre Überzeugung mehr. Das ist sicher ein sehr wichtiger Faktor. In den achtziger Jahren konnten wir in Polen mit Parteileuten schon fast offen sprechen. Es gab eine Doppelsprache: die Privatsprache und die Parteisprache. Als das System zerbrach, bedienten sich die Menschen nur noch der Privatsprache und hatten daher von Anfang an keine Anpassungs- und Kommunikationsschwierigkeiten.

Sicherlich sollten sowohl der Verzicht Gorbatschows als auch der Verzicht Jaruzelskis auf ein militärisches Eingreifen gewürdigt werden. Aber deswegen sind die beiden keine Helden. Jaruzelski hat zu verantworten, dass 1970 in Stettin und in Danzig geschossen wurde. Dass er sich 1989 mehr oder weniger als Liberaler benommen hat, entschuldigt nicht sein Benehmen im Jahre 1970.

Wenn wir über den Rechtsstaat sprechen, sollten wir das ernst nehmen. Ich möchte mich nicht in innere russische Angelegenheiten einmischen, aber die politische Biografie Gorbatschows ist auch lang und sicherlich nicht immer schön. Die Biografien von Politikern sind natürlich generell schwierig einzuschätzen, besonders in einem so undurchsichtigen System wie dem Kommunismus. Man vergisst unglaublich schnell, was der Kommunismus war. Die blutigen Taten und die Mechanismen, die zu diesen Taten geführt haben, sollten immer wieder diskutiert werden. Diese Diskussion ist eine Basis für unsere Demokratie in der Zukunft.

Jiři Gruša
Ich möchte einen Aspekt zur Revolution von 1989 besonders hervorheben: Es war eine sanfte Revolution, die von einer zivilen und nicht von einer nationalistischen Terminologie getragen wurde. Wir haben bislang in meiner Republik keine relevante nationale Bewegung. Niemand versucht den heiligen Anfang der Nation zu deuten. In Polen hätte leicht eine Revolution mit antideutschen oder antirussischen Tendenzen entstehen können. Solange das nicht stattfindet, haben wir eine bestimmte Hoffnung. Das hängt auch von der integrativen Rolle Deutschlands ab, aber natürlich kann niemand garantieren, dass auch wir uns eines Tages wandeln. Wenn wir diese integrative Rolle unterstützen, haben wir eine Zukunft und vielleicht irgendwann ein Russland, in dem man nicht einfach so 14 Milliarden US-Dollar verschieben kann. Vielleicht baut dieses Russland dann eine Brücke zu uns herüber.

Nikolai S. Portugalow
Meines Erachtens nach bewegt sich die politische Entwicklung im Ostblock allmählich in eine böse Richtung und ich sehe leider keine Möglichkeit dem vorzubeugen. Vielleicht pendelt es sich ein, es wäre zu hoffen.

Angelika Barbe
Zusammen mit Markus Meckel gründete ich die SDP in der DDR, weil wir der SED damit die Machtfrage stellen wollten. Ich möchte ausdrücklich Nikolai Portugalow widersprechen, der das kommunistische System in der DDR verharmlost, wenn er es als »übersicht-

lich« bezeichnet. Das System ließ niemals Freiheit zu. Mehr als 200.000 politische Häftlinge haben in den Gefängnissen gelitten, mehr als drei Millionen Menschen sind von der SED in die Flucht getrieben worden. Außerdem war die kommunistische Planwirtschaft bankrott.

Exemplarisch möchte ich an das Schicksal Heinz Albrechts erinnern, heute Ehrenvorsitzender des Sächsischen Landesverbandes Demokratischer Widerstandskämpfer und Verfolgter. Er war mit sechs anderen Sozialdemokraten 1951 unschuldig zum Tode verurteilt und von der SED an die Russen ausgeliefert worden. Viele Jahre saß er in einem sowjetischen Zuchthaus, seine Mithäftlinge wurden erschossen.

Bitte unterschätzen Sie nicht, welche Opfer Menschen für Freiheit und Demokratie unter der kommunistischen Herrschaft gebracht haben. Deshalb reicht es nicht, deren Mut und Zivilcourage in Sonntagsreden zu loben und ihnen ansonsten die gesellschaftliche Anerkennung zu verweigern.

Dennis Bark wies in seinem Vortrag die bedeutende Rolle Ronald Reagans nach, die man allgemein unterschätzt. Reagan sei davon überzeugt gewesen, dass Freiheit und Demokratie im Rüstungswettlauf vor der kommunistischen Diktatur den Sieg davontrügen. Dennis Bark erinnerte auch an den unvergesslichen Appell Reagans an die Moskauer Machthaber 1987 in Berlin: »Tear down this wall, Mr. Gorbachev!« Reagan sprach mit seiner Rede der Mehrheit der Ostdeutschen aus dem Herzen – mir übrigens auch, denn ich gehörte nicht zu den Privilegierten, die sich darüber geärgert haben.

Nikolai S. Portugalow
Mit Übersichtlichkeit habe ich die bipolare Welt gemeint und nicht die Zustände in der DDR.

Ulrich von Hehl
Wir sind nicht – und niemand hat das erwarten können – zu einem Abschluss gekommen. Immerhin ist sicherlich deutlich geworden, wie sehr wir in unserer wechselseitigen Wahrnehmung, Einschätzung und Bewertung der Revolution von 1989/90 in Europa noch in den Anfängen einer Diskussion stecken, die in allen beteiligten Ländern weitergeführt werden muss. Ich danke allen für die rege Beteiligung und das aufmerksame Zuhören.

Ehrhart Neubert

Opposition und Widerstand in der DDR

Einleitung

Als 1989 in der DDR die Revolution ausbrach, stellten viele westliche Beobachter, aber auch viele Menschen in der DDR überrascht fest, dass es eine kräftige Opposition gab. Nur Kenner wussten, dass es immer auch Widerstand gegeben hatte, und nur wenige Wissenschaftler und Publizisten wie Karl Wilhelm Fricke und Hermann Weber hatten sich des Themas angenommen. Die offizielle Politik im Westen überschätzte die Stabilität und unterschätzte die Krise in der DDR. Die Opposition wurde nie ernsthaft in das politische Kalkül einbezogen.

Erst im Nachhinein kann das politische Aufbegehren beschrieben, erklärt und in größere Zusammenhänge eingeordnet werden, um Ideen, Vorgehensweisen und Ziele der SED-Gegner zu verstehen. Unter vier Aspekten will ich mich den Phänomenen annähern: Zunächst geht es um die Subjekte von Opposition und Widerstand. Zweitens sollen die unterschiedlichen und sich bisweilen gegenseitig ausschließenden Kategorien von »Gegnerschaft« benannt werden. Als dritter Aspekt sind die Voraussetzungen für oppositionelle Politik in der totalitären Diktatur, die den politischen Raum allein beansprucht, zu bedenken. Viertens folgen Anmerkungen zur kulturell-zivilisatorischen Dimension der damaligen politischen Konflikte.

Die Subjekte der politischen Gegnerschaft oder Der Weg vom sozialistischen »Wir« zum »Ich«

Der Versuch der SED, eine neue Gesellschaftsformation – den Sozialismus – zu entwickeln, kollidierte sowohl mit den sozialen und kulturellen Traditionen als auch mit der Natur des Menschen. Das totalitäre gesellschaftliche Konstrukt blieb eine Utopie, weil es den ihm gemäßen neuen Menschen nicht erschaffen konnte. Insofern war auch die DDR aus sich heraus nie lebensfähig. Um ihre gesellschaftspolitischen Ziele zu erreichen, mussten die Kommunisten repressive Mittel einsetzen, die zwangsläufig soziale, kulturelle und politische Gegenwehr provozierten. Diese Gegenwehr reagierte stets auf die speziellen politischen Eingriffe und hat darum in jeder Periode der SBZ/DDR-Geschichte – geprägt durch innen- und außenpolitische Faktoren – ihre typischen Formen und Phänomene hervorgebracht. Immer mussten Gegner der kommunistischen Herrschaft nicht nur mit physischer Repression rechnen, sondern auch die ideologischen Bindungskräfte und die Legitimation des Systems überwinden.

Die totale Herrschaft über Bildung, Medien und jede Form der Informationsaufbereitung wurde von den Kommunisten genutzt, um ihre »wissenschaftliche Weltanschauung« zu verbreiten und um zwei Generationen zu suggerieren, ihre Ideologie wäre eine vernünftige Grundlage zur Gestaltung und Steuerung der Gesellschaft. Bei den Herrschenden erzeugte dies Allmachtsphantasien. Die unpolitischen Untertanen gerieten in den Zustand der geistigen Ohnmacht und wurden in die privaten Nischen getrieben. Die Ideologie führte zu einer organisierten Massenparanoia, die nicht nur gläubige Täter und Angepasste, sondern auch nicht wenige der politischen Gegner des Regimes befiel. Das galt selbst für kritische Intellektuelle, welche die kommunistische Ideologie als Herrschaftstheorie der SED ablehnten. Für den schlichten Bürger ebenso wie für Mitglieder des Politbüros war Sprechverzicht ein Selbstschutz und die eigene Meinung angstbesetzt. Wer sich des sozialistischen »Neusprech« (George Orwell) bediente, litt mindestens unter der Verknappung der Wahrnehmungsmuster.

Die marxistischen Geschichtsbilder wurden als Gesetzmäßigkeiten gesehen und die ideologischen Definitionen und Deutungen aller Erscheinungen dieser Welt mit der Realität verwechselt. Hinzu kam ein absurder Antifaschismus, der diese paranoide Wahrnehmung moralisch stützte. Dies führte zu Hassattitüden auf ideologisch definierte Feinde. Nach dieser Logik war Faschist, wer gegen die SED auftrat. Das bereitete das Individuum zur Legitimation von Unterdrückung und Selbstunterdrückung vor. Das war der Kitt, der die DDR so lange zusammenhielt.

Politische Gegnerschaft entsteht nicht nach einem soziologischen

Automatismus. Ansonsten hätte es in der DDR eigentlich 17 Millionen SED-Gegner geben müssen. Tatsächlich nehmen diese Gegnerschaft heute sogar Menschen für sich in Anspruch, die im administrativen oder ideologischen Herrschaftsapparat funktioniert haben. Selbst in sozialen und kulturellen Milieus, wie in Kunst und Kirche, die wegen ihrer Unangepasstheit geradezu prädestiniert waren, Widerspruch hervorzubringen, steht die Anpassung der einen dem Widerstand der anderen gegenüber.

Das in die Enge getriebene, um seine Würde und seine Rechte gebrachte Individuum hat nicht in jedem Fall Gegenwehr geleistet. Es konnte sich unterwerfen und Verletzungen hinnehmen, vielfältig an der SED-Macht teilhaben oder sogar als IM des MfS dem System dienen. Dabei durfte es sich einbilden, als geschickter Kirchendiplomat in den konspirativen Lokalen zu agieren oder gar eine göttliche Legitimation zu besitzen. Wie anders lässt sich die Wahl des hebräischen Schutznamens Gottes, »Adonai«, als IM-Deckname erklären.

Es gibt auch keine psychische Disposition, die Gegnerschaft determiniert. Gegner waren weder die »Normalen« noch die »Kranken« in der Gesellschaft. Die Herrschenden versuchten sie freilich zu pathologisieren. Angesichts des gewaltigen Repressions- und Machtpotenzials der Kommunisten konnte politische Gegnerschaft nicht nur von sozialen und kulturellen Interessen und nicht allein durch psychische Prädispositionen bestimmt und motiviert sein.

Unter den extremen Bedingungen einer Diktatur verlangt gegnerisches politisches Handeln individuelle Entscheidungen in Situationen und Konstellationen, in die Menschen durch Zufall, das heißt, in dem, was ihnen zufällt, geraten und in denen sie notwendige – not-wendende – Handlungsmöglichkeiten entdecken und erkennen. Solchen Entscheidungen haftet etwas Unerklärbares an.

Jürgen Fuchs hat in seinem Gedicht »Jetzt bin ich raus, jetzt«, entstanden 1978 nach seiner Haftentlassung in den Westen, angedeutet, was er beschweigen muss:

»Zum Beispiel
Daß ich am 17.12.1976 in meiner Zelle saß
Mit dem Rücken zur Tür
Und weinte
Weil ich am Vormittag das Angebot abgelehnt hatte
Mit ihnen zusammenzuarbeiten.«[1]

Wenn das Individuum in den »Anforderungen, die ein Staat an seine Bürger richten kann«[2] überfordert ist, wird es zum Gegner dieses Staates, wenn es um die »Wiederherstellung des Rechts«[3] gewollt und bewusst, öffentlich und unter Risiken ringt. Dabei kann es sich um ein verzweifeltes Aufbegehren oder um spontane Protesthandlungen handeln. Im Fall von Widerstand ist aber die politische Reichweite gering. Das ist etwa an den Fällen zu erkennen, als Bauern in den fünfziger Jahren aus Protest gegen die Kollektivierung ihre eigenen Scheunen und Ställe in Brand steckten. Wichtig ist daher, was Gegner an politischer Rationalität mitbringen und welche geistigen und ethischen Voraussetzungen ihre politischen Handlungen tragen. So war etwa eine der berühmtesten Widerstandshandlungen – die Selbstverbrennung des Pfarrers Oskar Brüsewitz im Jahr 1976 – längere Zeit geplant, ethisch und religiös reflektiert, politisch überlegt und die Wirkung rational bedacht. Dies betone ich ungeachtet der bis heute andauernden unsäglichen Versuche, Oskar Brüsewitz als innerkirchliche Entgleisung zu bewerten.

Die Bandbreite der Gegnerschaft reichte von passiver Verweigerung über aktive gesellschaftliche Selbstorganisation, von Versuchen der individuellen geistigen Selbstbehauptung oder Verteidigung individueller Rechte bis zu entwickelten politischen Formen von Opposition und Widerstand. In diesen unterschiedlichen Aktivitäten wurde nicht das Kollektiv DDR sichtbar, auch nicht die »andere« oder gar die »wahre« DDR. Es handelte sich um das Aufbegehren des Teils der deutschen Gesellschaft, dessen Gruppen und Individuen nach 1945 erneut versklavt wurden.

Die Gegner der kommunistischen Herrschaft legten von 1945 bis 1989 einen langen Weg zurück. Es war der umständliche Weg der Gesellschaft zu sich selbst und zugleich ein riskanter Weg vieler einzelner Individuen zu sich selbst. Es war der Weg vom Untertanen zum Bürger. Bis zum Mauerbau 1961 kamen die Gegner der SED häufig aus den alten und nicht durch die NS-Zeit korrumpierten bildungsbürgerlichen Schichten. Hierher gehört etwa der studentische Widerstand. Nach dem Mauerbau rekrutierte sich ein erheblicher Teil der Gegner des SED-Regimes aus Menschen, die bereits in der DDR sozialisiert, erzogen und geprägt waren. Sie hatten es ungleich schwerer, die ideologischen Bindungen zu lösen. Diese junge Generation musste erst durch die Enttäuschung am realen Sozialismus hindurch. Seit den sechziger Jahren rissen die Jugendproteste nicht mehr ab. Sie reichten von dem bekannten »Beat-Aufstand« am 31. Oktober 1965 in Leipzig bis zu der Demonstration an der Berliner Mauer im Jahr 1987, bei der junge Menschen riefen: »Die Mauer muss weg!«

Doch das Aufbegehren gegen die sozialistische Staatsdisziplin war zunächst nur das diffuse Verlangen von Individuen nach mehr Freiheit. Diese Hoffnung war auch unter Kirchenleuten und Intellektuellen stets lebendig. Ihnen ging es um die Freiheit von Geist und Wort. Erst wenn das Freiheitsbedürfnis sich mit dem Willen verband, auch politische Verantwortung wahrzunehmen, konnten sich Widerstand und Opposition entwickeln. Erst dann war es möglich, die einzusetzenden Mittel und Ziele zu bedenken. Erst dann waren die Freiheitssucher in der Lage, die Risiken zu tragen. Sie haben Haft erleiden müssen, waren Objekte der konspirativen Zersetzung zur Untergrabung der Persönlichkeit, mussten alle Arten von Disziplinierungen und beruflicher Benachteiligung hinnehmen und stets mit ihrer Abschiebung in den Westen rechnen. Widerstandsethik ist Verantwortungsethik. Diese aber erwuchs aus geistigen Traditionen, die diese Menschen mitbrachten oder sich mühsam erarbeiten mussten.

Kategorien der Gegnerschaft oder Vom »Erschleichen der Legalität«

Mildere Formen von Gegnerschaft sind Widerspruch und Verweigerung, die ich jedoch vernachlässigen will. Es geht im Folgenden um die beiden wichtigsten Kategorien der politischen Gegnerschaft: um Widerstand und Opposition.

Widerstand war bis zum Mauerbau 1961 die wichtigste Form politischer Gegnerschaft. Der Widerstand von Einzelnen oder von Gruppen verzichtete darauf, sich mit Legitimität und Legalität der SED-Herrschaft auseinanderzusetzen. Er wollte auch nicht verändernd auf das politische System einwirken, sondern war von einer Totalabsage an den DDR-Sozialismus geprägt. Der konfrontative und häufig auch konspirative Widerstand entwickelte zahlreiche Aktionsformen, die auf eine Diskreditierung oder Schädigung des SED-Systems zielten. Neben der Verbreitung von Informationen im Innern, etwa durch Flugblätter, oder der Übermittlung von Informationen an westliche Medien standen auch Sabotagehandlungen. Freilich war der Sprengstoffanschlag von Josef Kneifel, den dieser 1980 auf das sowjetische Panzerdenkmal in Karl-Marx-Stadt (heute wieder Chemnitz) verübte und dafür zu lebenslanger Haft verurteilt wurde, nahezu singulär.[4]

Da Widerstand stets hart verfolgt wurde und eine Kommunikation zwischen den zumeist vereinzelt operierenden Widerständlern und den unterschiedlichen Widerstandsgruppen kaum möglich war, waren dieser Form der Gegnerschaft in Zeiten der relativen Stabilität der SED-Herrschaft enge Grenzen gesetzt.

Die delegitimierende Wirkung des Widerstandes beruhte in der Regel auf seiner Orientierung am politischen System der Bundesrepublik. Etwas zugespitzt ausgedrückt: Das Grundgesetz der Bundesrepublik war das politische Programm des Widerstandes. Es ist sinnvoll, die Ausreise- und Fluchtbewegung dem Widerstand zuzurechnen, da sie ebenfalls eine delegitimierende Wirkung besaß. Dies galt vor allem, wenn Ausreiseantragsteller die Erreichung ihrer Ziele durch öffentliche Protesthandlungen fördern wollten. Sie bildeten in den letzten Jahren der DDR die größte Gruppe der strafrechtlich Verfolgten.[5]

Seit den sechziger und vor allem in den achtziger Jahren entwickelte sich als ein neuer Typ politischer Gegnerschaft eine Opposition, die weder die DDR als Staat noch den Sozialismus als ideelles Strukturprinzip in Frage stellte. Im Gegensatz zur Verfolgung des Widerstandes wurde die strafrechtliche Verfolgung Oppositioneller seit Mitte der achtziger Jahre eher zur Ausnahme und die konspirative Zersetzung zum wichtigsten Instrument der Verfolgung. Diese Entwicklung mündete in den Umstand, dass der SED-Staat in der »friedlichen« Revolution 1989 trotz seiner umfassenden institutionellen, politischen und justiziellen Repressionsinstrumentarien nicht in der Lage war, die Opposition und die sich aus ihr entwickelnde Bürgerrechtsbewegung wirksam einzudämmen oder gar auszuschalten.

Die Bedingungen für politisches Verhalten wollte der SED-Staat diktieren. Die Kontrolle von Öffentlichkeit und die Okkupation des Staates und der gesellschaftlichen Institutionen schlossen geregelte Verfahren an sich aus. Daher mussten von der Opposition die geringsten legalen Spielräume ausfindig gemacht, genutzt und erweitert werden. Dafür boten sich besonders die Kirchen an. Erich Mielke, Minister für Staatssicherheit, sah folgerichtig die Kirche als die »einzige legale Position des Feindes in der DDR«. Die Kirchen stellten daher bald den wichtigsten Aktionsraum für die Opposition dar, da sie ideologisch und rechtlich nicht in das Organisationsgefüge des SED-Staates einzufügen, aber formal rechtlich gesichert waren.

In den Kirchen konnten, trotz aller damit verbundenen internen Kämpfe und erheblicher MfS-Unterwanderung, Öffentlichkeit hergestellt und Strukturen genutzt werden. Dass das legalistische Prinzip für den Staat zum Problem wurde, geht aus einem Forschungsprojekt im Jahr 1986 an der Hochschule des MfS hervor. Untersucht wurden dort:

»Versuche feindlich-negativer Kräfte zur Nutzung und gezielten Mißbrauch der im Rahmen der sozialistischen Demokratie gegebenen Möglichkeiten für feindlich-negative Handlungen im Sinne politischer Untergrundtätigkeit ... Versuche der Führungskräfte politischer Untergrundtätigkeit, mit der Partei und dem Staat in einen politischen Dialog zu treten und sich somit Legalität zu erschleichen.«[6]

Der legalistische Ansatz schien politisch nur von geringer Reichweite zu sein. Er schränkte die Handlungsmöglichkeiten allzu sehr auf die Lizenzen der SED ein. Das haben Oppositionelle auch schon zu DDR-Zeiten so gesehen. Manche halfen sich dadurch, dass sie neben legalistischen Strategien bisweilen Formen des Widerstandes übernahmen. So gründete Lothar Rochau, der in Halle eine große oppositionelle Gruppe von nicht angepassten Jugendlichen aufgebaut hatte, 1981 eine geheim arbeitende Gruppe, die sich ausdrücklich als »Widerstandsgruppe« verstand.

Dennoch hatte die legalistische Strategie ihre Erfolge. Zu den Höhepunkten dieses Legalismus gehörte die Aufdeckung der Wahlfälschungen und die daraus folgenden Strafanzeigen im Mai 1989 durch die Opposition. Damit wurde die SED in die Defensive gezwungen, da nicht die Opposition Recht brach, sondern der Staat die eigenen Gesetze verletzt hatte.

Unverkennbar ist aber, dass der Legalismus zu schwer wiegenden Zielkonflikten führte. Wer die Demokratisierung der DDR forderte, stellte nicht direkt das Existenzrecht der DDR in Frage. Er stellte aber direkt die Herrschaft der SED in Frage und damit indirekt auch deren deutschen Staat. So waren manche deutschlandpolitischen Vorstellungen in der Opposition deutlicher an den Symptomen als an den Ursachen der Teilung orientiert. Dazu gehörte die beeindruckende »Initiative gegen Prinzip und Praxis der Abgrenzung«, die seit 1987 existierte und in die Bürgerbewegung »Demokratie jetzt« einmündete. In einem Text der Initiative hieß es:

> »Eigentlich wissen wir schon seit Jahren, daß uns die Abgrenzung kaputt macht. (...) Die Grenze geht durch Deutschland und durch uns. In uns rivalisieren das Bedürfnis nach eigener staatsbürgerlicher Identität mit dem Bewußtsein von der historischen Überholtheit staatlicher Abgrenzungen in Europa; im Hintergrund aber lebt eine heimliche Liebe zu Deutschland, in der Vorstellung der Zugehörigkeit zu Deutschland als Nation. (...)
>
> Es ist klar, die Mauer wurde »von oben« aufgezwungen, ein Willensbildungsprozess in der Bevölkerung für Abgrenzung hat nie stattgefunden. Man stelle sich eine Volksabstimmung dazu vor. Die Mauer wurde uns oktroyiert. Ihr Hauptsinn ist, die Flucht der Bürger zu verhindern; ein anderer, die Beziehungen der Bürger, die sie nach ›draußen‹ haben, zu kontrollieren, denn die Leute bringen von den Reisen in ihren Köpfen Sprengstoff mit, die Anschauung anderer Lebensformen, die Ferne und die Weite, den großen freien Spielraum als eigentliche Herausforderung für unsere enge gesellschaftliche Lebensweise.«[7]

Zu erinnern ist aber auch an das Konzept der Blockfreiheit, das in der Opposition seit 1983 verbreitet war und die Selbstbestimmung der Deutschen nach dem Abzug aller Truppen vorsah, an die Konföderationspläne von Edelbert Richter, einem der Vordenker der Friedensbewegung, oder auch an den »Berliner Appell« des Jahres 1982, mit dem Robert Havemann und Rainer Eppelmann deutlich machten, dass sie um des Friedens willen bereit waren, selbst die DDR aufzugeben.

Da der Legalismus aber an die Strukturen des SED-Staates und der Kirchen gebunden war, ergab sich aus ihm nicht automatisch der Aufbau eigener Strukturen. Erst im Sommer 1989 wurde mit der Gründung eigener, auch von den Kirchen unabhängiger Bewegungen und Parteien die legalistische Strategie aufgegeben. Die neuen Bürgerrechtsbewegungen waren illegal und setzten mit ihrer Gründung zugleich neues Recht.

Chiffrierung des Politischen oder
Der antisozialistische »Karl-Marx-Bart«

Der Hinweis auf die formalrechtlichen Möglichkeiten oppositioneller Politik in der Gesetzlichkeitsdiktatur reicht jedoch allein nicht aus. Schließlich war nicht nur Opposition verboten, sondern der politische Raum als solcher von der SED besetzt. Da auch für Oppositionelle die Politik die Kunst des Möglichen ist, konnte Opposition nur verwirklicht werden, wenn ihre Subjekte erst einmal die Voraussetzungen schufen, politischen Handlungsraum zu erschließen.

Eine solche Voraussetzung war die allgemein verbreitete semantische Chiffrierung des Politischen – eine Methode, derer sich auch die Künstler bedienten. So wurde zum Beispiel der Begriff »Opposition« bis Ende der achtziger Jahre gemieden – wenn er auch seit den siebziger Jahren belegt ist und in der mündlichen Tradition stets präsent war – und Ersatzbegriffe geschaffen wie »Unabhängige Friedensbewegung«, »Reformbewegung« oder »Partizipation«.

Mangels öffentlichen Handlungsraumes bauten Oppositionsgruppen soziale und subkulturelle Gegenwelten auf oder politisierten vorhandene. Das Verweigern von abverlangten politischen und ideologischen Standards allein reichte nicht, es mussten ein politischer Gestaltungswille und eine politische Theorie zur Selbstverständigung hinzukommen.

Verbreitet waren basisdemokratische Ansätze, die über die Mitbestimmung aller die Unabhängigkeit von staatlichen und kirchlichen Institutionen sichern sollten. Auch anarchistische Ideen wurden in den angesehenen, auflagenstarken Berliner Umweltblättern propagiert. Der rationale Kern dieser Ideologien lag im Versuch, eine Art Kontergesellschaft aufzubauen, welche die Staatsgesellschaft »von unten« verändern sollte.

Die subversiven Strategien drückten sich auch im äußeren Habitus vieler Oppositioneller aus. (Das ist bei manchen bis heute so geblieben.) So berichtete ein IM über zwei Oppositionelle: Der eine »hatte einen Vollbart (...) einen richtigen überwucherten Karl-Marx-Bart (...)«, der andere »sah aus wie Johannes der Täufer, hagere Gestalt (...) einmal hatte er eine Nickelbrille getragen ... das könnte in diesen Kreisen auch nur ein Schmuckelement sein, um Bildung auszudrücken.«[8]

Darüber hinaus waren antizipatorische Strategien verbreitet. So zu leben, als sei man schon frei, als wären die Menschenrechte schon verwirklicht, brachte die in Verlegenheit, die sich Mühe gaben, die Freiheit des Individuums zu begrenzen. Das antizipatorische Element radikalisierte pazifistische und ökologische Einstellungen. In der Gesellschaft und selbst zwischen den oppositionellen Gruppen mangelte es an Kommunikation. Lediglich ein moralischer Konsens, der den programmatischen überlagerte oder gar ersetzte, ermöglichte eine Verständigung. Es war eine geistige Kommunikation in einer moralischen Binnensprache.

So finden sich in der Opposition reichlich politische Symbole, Metaphern, Gedichte und Lieder. Die kirchliche Sprache und die vielen Liedermacher haben die Widerstandsethik in eine Widerstandsästhetik verwandelt. Manchmal wurde das Hässliche schön. Denken wir nur an »Schwerter zu Pflugscharen«. Dieser Schmied, ein unästhetischer, martialischer Muskelprotz nach der Art stalinistischer Kunst, wurde zur Hoffnungsgestalt einer mit Parka und Jeans gekleideten antimilitaristischen und freiheitsliebenden Generation.

Die wirksamste Chiffrierung des letzten DDR-Jahrzehnts stellt die religiöse dar. Die enge Verquickung religiöser, sozialethischer und politischer Themen war durch die Beheimatung der Opposition in den Kirchen möglich und unausweichlich geworden, da der evangelische Bezug eine scharfe Abgrenzung zwischen politischen und religiösen Aspekten nicht zulässt.

Aus dem sozialethischen Fundus vor allem der protestantischen Tradition konnte für Oppositionelle eine moralische Legitimation erwachsen, die durch den Mangel an Ethik im Sozialismus geradezu systemsprengend wirkte. Die Sozialethik diente als Grundlage kritischer Theorien oder als Quelle für Verhaltensweisen, welche die DDR-Wirklichkeit konterkarierten. So gehörten protestantische Sozialethiker wie Heino Falcke und Friedrich Schorlemmer zu den Inspiratoren der Opposition.

Die kirchliche Sozialethik stand aber nicht nur dem DDR-Sozialismus kritisch gegenüber. Sie war prinzipiell zivilisations- und kapitalismuskritisch angelegt und traf auch die kapitalistische Bundesrepublik mit ihrem Bannstrahl. Alles in der Welt war schlecht und es galt zu neuen Ufern einer neuen Welt aufzubrechen. Dieses war das Land Utopia, das in wunderbaren, asketisch lustvollen Visionen jenseits von DDR und Bundesrepublik zu ahnen war.

Obgleich zu erkennen ist, welche systemsprengende Potenz die sozialethischen Entwürfe hatten, zeigten sich schon damals ihre Nachteile; in politischer Hinsicht zum Beispiel dadurch, dass mit diesen asketischen Entwürfen den Oppositionellen zwar die Vertretung ihrer eigenen Interessen leicht fiel, sie aber die Interessen anderer Bevölkerungsgruppen nur schlecht wahrnehmen konnten, weil diese dem moralischen Maß der Opposition nicht gerecht wurden.

Nachteilig war auch, dass der politische Gehalt von Utopien ins Irrationale abgleiten konnte. Wolf Biermann wollte 1976 bei einem Auftritt in der Prenzlauer Kirche ein visionäres Gedicht von Florian Havemann vortragen, der die künftige schöne DDR mit den Zeilen beschwor:

»Zu uns fliehen dann in Massen
die Menschen, und gelassen
sind wir darauf vorbereitet.«

Biermann kam ins Stottern. Er hatte den Text vergessen. Er »konnte den allzu utopischen Text nicht mehr«, wie er danach schrieb. Angesichts einer realen DDR, aus der sich Tausende absetzten und Millionen hinaus träumten, war wohl die Vision von einer attraktiven DDR politischer Schwachsinn.

Die Chiffrierung des Politischen in subversiven Theorien und Praktiken, in sozialethisch aufgeladenen Utopien hat den Kommunisten schwer zu schaffen gemacht. Aber die versteckte und überhöhte Sprache ist kein Selbstzweck. In der Revolution 1989 zeigte sich, dass Politik Klartext und auch Pragmatismus braucht. In der Freiheit muss das Politische mit richtigen Namen benannt werden. Sicherlich gab es dies auch schon in Fülle zu DDR-Zeiten. Konsistent waren die politischen Entwürfe, die Klartext sprachen, wenn es um Recht und Menschenrecht ging. Konsistent waren sie auch, wenn es um Aufklärung von Herrschaftsmechanismen ging.

**Die kulturell-zivilisatorische Dimension oder
Was bleibt von der DDR-Opposition?**

Was bleibt, ist zunächst die persönliche Erfahrung: Außenstehenden schwer zu vermitteln sind die tiefen emotionalen Erfahrungen unzähliger Menschen in Opposition, Kirche und auf der Straße. Entgegen allen Prognosen und politischen Einschätzungen, entgegen allem, was die Verwalter von Einfluss und Macht in Ost und West ins Kalkül einbezogen hatten, stürzten die Verhältnisse. Plötzlich gab es eine Zukunft. Bischof Werner Leich bezeichnete dies unmittelbar nach der Maueröffnung als eine sich abzeichnende »neue Identität aus erlebter Volksbewegung«.[9] Doch die psychische Dimension der Revolution ist nicht deren politische. Die Unzulänglichkeiten der Opposition in der DDR sollten nicht geschönt oder gar als Qualität ausgegeben werden.

Das Verhaftetsein vieler Oppositioneller in der Logik des Systems, das sie bekämpften, kann nicht geleugnet werden. Mit SED-Nähe, wie dies einige Beobachter feststellen wollen, hat dies nichts zu tun. Allerdings gibt es eben auch diejenigen unter den früheren Kritikern der SED, die am Abriss des ideologischen Lügengebäudes mitgewirkt haben und nun aus den Trümmern lediglich eine verbesserte, eine ideale DDR, eine neue Fiktion konstruieren. Politische Leichen können nicht wieder belebt werden. Wenn dies auch noch Theologen versuchen, folgen sie einer merkwürdigen Auferstehungslehre.

Die Selbsttäuschung mancher Revolutionäre, sie hätten etwas Neues hervorgebracht, hat der Kenner dissidentischer Milieus, Timothy Garton Ash, freundlich aufgeklärt:

»Was also (...) können diese Enthusiasten in das neue Europa einbringen? Wenn meine Analyse stimmt, so können sie keine fundamental neuen Ideen zu den großen Fragen der Politik, der Wirtschaft, des Rechts oder der internationalen Beziehungen beitragen. Die Ideen, deren Zeit gekommen ist, sind alte, vertraute und wohl erprobte. (Es sind die neuen Ideen, deren Zeit vorbei ist.) (...) Oder könnten sie unter ihren abgetragenen Mänteln vielleicht doch ein paar Schätze versteckt halten? Auf meinen Reisen durch diese Region während der vergangenen zehn Jahre konnte ich Schätze entdecken: Beispiele großartigen moralischen Muts und intellektueller Integrität, Kameradschaft, tiefe Freundschaft, Familienleben, Zeit und Raum für ernsthafte Gespräche, für Musik und Literatur, (...) Ich wurde Zeuge des christlichen Geistes in seiner ursprünglichsten und reinsten Form – ein Ethos der Solidarität.«[10]

Oppositionelle haben ihr bleibendes Verdienst, an der Entwicklung der Zivilgesellschaft mitgearbeitet zu haben. Ihre Moralität konnte eine fehlende politische Programmatik nicht ersetzen. Aber sie war nicht umsonst. Christa Wolf sagte im Oktober 1989: »Die Krise, die aufgebrochen ist, signalisiert auch einen geistig-moralischen Notstand unserer Gesellschaft, der nicht so schnell zu beseitigen sein wird, wie ein Versorgungsnotstand oder ein Reisedefizit.«[11]

Opposition und Widerstand stellen die moralische Ehrenrettung einer Gesellschaft dar, die sich im Osten der Amoralität der Diktatur gefügt und im Westen an die Diktatur gewöhnt hatte. Opposition und Widerstand sind zugleich eine Übergangserscheinung auf dem Weg in ein demokratisches Deutschland gewesen.

Als sich zeigte, dass die marxistische Ideologie restlos verbraucht war, dass sie nicht einmal mehr, wie noch in den siebziger Jahren, zum Träger oppositionellen Verhaltens taugte – Robert Havemann war der letzte dissidentische Marxist – schuf sich die Opposition eine Trias, welche die Werte ihres Handelns bezeichnete: »Frieden – Gerechtigkeit – Bewahrung der Schöpfung«. In ihr angelegt, aber selten ausgesprochen war eine andere Trias: »Freiheit – Gleichheit – Brüderlichkeit«. Sie ist das geistige Fundament der modernen demokratischen Nationalstaaten.

Die Aktivitäten von Opposition und Widerstand liefen darauf hinaus, dass Deutschland mit großer Verspätung Anschluss an die alten europäischen Demokratien gewinnen konnte. Die Oppositionellen in der DDR hatten dies ursprünglich nicht immer im Blick.

Im Ringen um Freiheit und Recht waren sie aber der ostdeutschen Gesellschaft voraus, die immer noch nicht in Gänze in der Freiheit angekommen ist. So gibt es eine lähmende Unfähigkeit zur Freiheit als Nachwirkung der Unfreiheit. Dazu ein Vers von Mircea Dinescu, jenes rumänischen Staatsdichters, der lange Zeit ein williger Helfer der Diktatur war, sich jedoch Ende der achtziger Jahre von den geistigen Zwängen löste und im Gefängnis landete.[12]

»es stehen weit offen die gefängstore
doch es ist keiner da, der gehen will
die einen hängen tot an ihren träumen
die anderen halten in den steinen still.«

Darauf etwas hoffnungsvoller soll Wolf Biermann als ehemaliger Dissident mit einem Vers von 1999 antworten:
»Heimweh nach früher hab ich keins
nach alten Kümmernissen
Deutschland Deutschland ist wieder eins
nur ich bin noch zerrissen«[13]

Anmerkungen

1 Fuchs, Jürgen, *Jetzt bin ich raus, jetzt*, in: *Tagesnotizen. Gedichte*, Hamburg 1979, S. 23.
2 Eckert, Rainer, *Die Vergleichbarkeit des Unvergleichbaren. Die Widerstandsforschung über die NS-Zeit als methodisches Beispiel*, in: Poppe, Ulrike/Eckert, Rainer/Kowalczuk, Ilko-Sascha (Hg.), *Zwischen Selbstbehauptung und Anpassung, Formen des Widerstandes und der Opposition in der DDR*, Berlin 1995, S. 81.
3 Steinbach, Peter, *Widerstand – aus sozialphilosophischer und historisch-politologischer Perspektive,* in: Poppe/Eckert/Kowalczuk, S. 30 f.
4 Dazu: Bericht von Joseph Kneifel, in: Knechtel, Rüdiger/Fiedler, Jürgen (Hg.), *Stalins DDR. Berichte politisch Verfolgter*, Leipzig 1991, S. 94–125.
5 Zum unterschiedlichen Einsatz der Strafverfolgung vgl.: Eisenfeld, Bernd, *Die Ausreisebewegung – eine Erscheinungsform widerständigen Verhaltens*, in: Poppe/Eckert/Kowalczuk (Hg.), S. 192–223. ders., *Widerständiges Verhalten im Spiegel von Statistiken und Analysen des MfS*, in: Henke, Klaus-Dietmar/Engelmann, Roger (Hg.), *Aktenlage. Die Bedeutung des Staatssicherheitsdienstes für die Zeitgeschichtsforschung*, Berlin 1995, S. 157–176.
6 BStU MfS ZAIG 7972, Hochschule des MfS, Sektion Politisch-operative Spezialdisziplin, November 1986, Entwurf der Konzeption zur Verteidigung des Forschungsprojektes »Die Analyse des aktuellen Erscheinungsbildes politischer Untergrundtätigkeit, der Herausarbeitung wesentlicher Tendenzen ihrer Entwicklung und die Ableitung grundsätzlicher Konsequenzen für die weitere politisch-operative Arbeit und ihrer Leitung auf diesem Gebiet«, Bl. 15.
7 Dress, Ludwig, *Aus der Isolation zu Wegen der Identifikation,* in: *Aufrisse Eins*, Berlin 1987, S. 24 f.
8 Kuhn, Christoph, *»inoffiziell wurde bekannt . . .«. Maßnahmen des Ministeriums für Staatssicherheit gegen die ökologische Arbeitsgruppe beim Kirchenkreis Halle. Gutachten zum Operativen Vorgang »Heide«, Schriftenreihe der Landesbeauftragten für die Unterlagen des Staatssicherheitsdienstes der ehemaligen DDR Sachsen-Anhalt*, Sachbeiträge 3, Magdeburg 1996, S. 15.
9 Besier, Gerhard, *Der SED-Staat und die Kirche 1983–1991. Höhenflug und Absturz*, Frankfurt am Main/Berlin 1995, S. 455.
10 Ash, Timothy Garton, *Ein Jahrhundert wird abgewählt. Aus den Zentren Mitteleuropas 1980–1990*, München 1990, S. 473 ff.
11 Wolf, Christa, *Vorwort,* in: Janker, Walter, *Schwierigkeiten mit der Wahrheit*, Berlin/Weimar 1990, S. 8.
12 Diesen Text verdanke ich Andreas Schmidt, Berlin, Mitarbeiter der Gauck-Behörde.
13 aus: *Um Deutschland ist mir gar nicht bang*, in: Biermann, Wolf, *Paradies uff Erden. Ein Berliner Bilderbogen*, Köln 1999.

Diskussion

Moderator: Rainer Eckert

Rainer Eckert
Vor zehn Jahren fiel die Mauer in Berlin. Damit war zum einen der DDR die Existenzgrundlage als eigenständiger deutscher Staat entzogen und zum anderen der Weg zur Wiederherstellung des einheitlichen Nationalstaates betreten. Der 9. November wurde erneut zu einem deutschen Schicksalstag – und es war letztlich ein Berliner Tag. Dies bewirkt sicherlich in den kommenden Jahren eine Diskussion darüber, welche die Stadt der friedlichen Revolution war: Leipzig oder Berlin. Eine solche Diskussion würde sich wahrscheinlich auch damit beschäftigen, welche Faktoren den Zusammenbruch der DDR letztlich verursacht haben: außenpolitische Konstellationen, der Zerfall des Ostblocks, der wirtschaftliche Zusammenbruch der DDR, die Verkommenheit der kommunistischen Führungskaste oder die massenhafte Flucht der Ostdeutschen über Ungarn und die Tschechoslowakei in die Bundesrepublik.

Aus meiner Sicht waren Opposition und Widerstand in der DDR entscheidend. Ohne die Vorbereitung der Revolution durch diejenigen, die im Osten Deutschlands Zivilcourage zeigten, hätte es keinen Fall der Berliner Mauer gegeben, ohne den 9. Oktober in Leipzig keinen 9. November in Berlin, ohne die Selbstbefreiung durch die friedliche Revolution keine wiedervereinigte Bundesrepublik.

Ehrhart Neuberts Vortrag gibt Anlass zu einer kontroversen Diskussion. Was er sagte, hätte über manche Strecken auch die Begründung dafür sein können, dass das Zeitgeschichtliche Forum in Leipzig steht und sich mit der Geschichte von Opposition und Widerstand im Spannungsverhältnis zur Repression beschäftigt. Er war nicht nur ein wichtiger Bürgerrechtler, sondern er ist einer der besten Kenner der Geschichte des widerständigen Verhaltens in der DDR. Das zeigen seine Rolle bei der Gründung des Demokratischen

Aufbruchs (DA), seine Arbeiten zur Definition der friedlichen Revolution als protestantische Revolution und seine 1997 erschienene »Geschichte der Opposition in der DDR 1949–1989«.

Karl Wilhelm Frickes Lebensgeschichte und publizistische Arbeit sind eng mit dem Thema von Opposition und Widerstand in der DDR verbunden. Karl Wilhelm Fricke floh 1949 aus der DDR, wurde 1955 von Agenten des Ministeriums für Staatssicherheit in die DDR entführt und 1956 dort vom Obersten Gericht wegen Kriegshetze verurteilt. Wir zeigen dieses Schicksal in unserer Dauerausstellung, in der wir auch auf die oppositionelle Arbeit von Markus Meckel, Freya Klier, Friedrich Schorlemmer und Ehrhart Neubert eingehen. Karl Wilhelm Fricke sitzt hier jedoch nicht in erster Linie als Zeitzeuge, sondern als der Nestor der Geschichtsschreibung über Repression und Widerstand in der DDR. Das ist um so wichtiger zu betonen, als viele seiner Arbeiten aus einer Zeit stammen, in der diese Themen nicht im Mainstream bundesdeutscher Geschichtsbetrachtung lagen.

Auch Freya Klier war in der DDR inhaftiert. Sie begründete 1980 die Friedensbewegung in der DDR mit, erhielt Berufsverbot und wurde schließlich 1988 ausgebürgert. In den letzten Jahren erhob sie ihre Stimme immer wieder mahnend gegen die Tendenz, die zweite deutsche Diktatur schönzufärben, und kritisierte den Einfluss ehemaliger SED-Lehrer in den Schulen der neuen Länder. In ihrem Werk »Lüg Vaterland. Erziehung in der DDR« (1990) erbringt sie den Nachweis, dass nach 40 Jahren Herrschaft der SED diejenigen in allen Führungspositionen saßen, die dieser Partei bedingungslos dienten, während alle anderen die Schienen putzen mussten – eine Zweiteilung, die bis heute weiterwirkt.

Friedrich Schorlemmer gehört ebenfalls zu den wichtigen Persönlichkeiten der DDR-Opposition. Er war unter anderem Mitbegründer des Demokratischen Aufbruchs. Auf dem Wittenberger Kirchentag von 1983 ließ er symbolisch ein Schwert zur Pflugschar, dem Symbol der Friedensbewegung in der DDR, schmieden. Nach 1990 meldete sich Friedrich Schorlemmer immer wieder in der Auseinandersetzung mit der Geschichte der DDR zu Wort. Unter seinen zahlreichen Büchern möchte ich auf »Worte öffnen Fäuste. Die Rückkehr in ein schwieriges Vaterland« (1992) verweisen, da der Satz »Worte öffnen Fäuste« den gedanklichen Ansatz Schorlemmers bezeichnet.

Wenn ich Karl Wilhelm Fricke als Nestor der Geschichtsschreibung über Repression und Widerstand in der DDR bezeichnet habe, so ist Hermann Weber der Nestor der Geschichtsschreibung über SBZ und DDR. Besonders seine »Geschichte der DDR« (Neuausgabe 1999) und sein Werk »DDR. Grundriss der Geschichte 1945–1990« (1990) gehören zu den Standardwerken in der aktuellen Forschung. Auch Hermann Weber hat einen lebensgeschichtlichen Bezug zur DDR und zum Kommunismus. 1945 wurde er Mitglied der KPD, besuchte von 1947 bis 1949 die SED-Parteihochschule »Karl Marx« und wurde schließlich 1954 aus der kommunistischen Partei der Bundesrepublik ausgeschlossen. Er galt den Historikern der SED – und nicht nur ihnen – als einer ihrer ideologischen »Todfeinde«.

Ehrhart Neubert stellte in seinem Vortrag zuerst die wichtige Frage nach den Bedingungen von widerständigem Verhalten in der Diktatur. Als nächstes griff er die ebenso aktuelle Frage der Kategorisierung von Widerstand und Opposition auf. Die Positionen gehen hier sehr weit auseinander. Eine Position sagt, jede heute vorgenommene Kategorisierung sei sinnlos, wir sollten erst weiter sammeln und dann später einordnen. Die andere Position beharrt darauf, dass eine Klassifizierung widerständigen Verhaltens nicht nur möglich, sondern für den weiteren Erkenntnisprozess auch anregend sei. Als drittes ging Ehrhart Neubert auf die sehr strittige Frage ein, welche die Ziele der DDR-Bürgerbewegung in den achtziger Jahren gewesen seien: die Erneuerung des Sozialismus in einer selbstständigen DDR oder Demokratie und Rechtsstaatlichkeit mit der Perspektive der deutschen Wiedervereinigung? Zwei weitere wichtige Fragen berühren auch die Funktion des Zeitgeschichtlichen Forums: Wie geht die Bundesrepublik heute mit dem Erbe der demokratischen Revolution, der demokratischen Opposition um? Welche Bedeutung hat dies für das Traditionsverständnis unserer Demokratie und was bleibt von der DDR-Bürgerbewegung, von den Menschen, die sich in ihr engagiert haben? Diese beiden Fragen spielten auch bei den Feierlichkeiten zum zehnten Jahrestag des Mauerfalls in Berlin eine wichtige Rolle.

Ehrhart Neubert sagte, dass immer mehr Menschen sich heute zum Widerstand zählen. Dem muss ich widersprechen. Meine Erfahrung ist eher, dass immer mehr Menschen sagen, in der DDR sei Widerstand eigentlich nicht notwendig gewesen, sie hätten sehr bequem gelebt. Die wenigen Widerständler, die es gegeben habe, seien ihnen fern gewesen und sie möchten sie heute auch nicht als moralisches Vorbild vorgehalten bekommen.

Freya Klier
Es ist ein großer Unterschied, ob jemand Jahrgang 1945 oder gar Jahrgang 1940 war, also die fünfziger Jahre mit ihren Verhaftungswellen in der DDR sehr bewusst erlebt hat, oder ob jemand zur ersten Kindergeneration in der DDR gehörte und vom SED-Regime zum neuen sozialistischen Menschen geschmiedet wurde. Mein Vater wurde 1953 inhaftiert und mein Bruder und ich, damals vier und drei Jahre alt, kamen in ein Kinderheim der Staatssicherheit. Dort erfuhren wir eine sehr stalinistisch geprägte Erziehung, die deutliche Parallelen zu der Erziehung unter der NS-Diktatur aufzeigte.

In unserer Generation entwickelte sich ein starker Glaube daran, dass aus diesem Land, aus diesen Ideen doch noch etwas werden könne, wenn es nur die richtigen Menschen in die Hand nehmen würden. Wir haben sehr lange gebraucht um zu begreifen, dass hier nicht Einzelpersonen ausgetauscht werden mussten, sondern das gesamte System. Die DDR funktionierte als Vasallenstaat der Sowjetunion und dementsprechend waren die Führungspositionen besetzt.

Die Opposition in der DDR unterschied sich von der in allen anderen sozialistischen Ländern – einschließlich der Sowjetunion – in einem wesentlichen Punkt: Mit der Gründung der Staatssicherheit 1950 war es das erklärte Ziel der SED-Führung, die kritische Intelligenz in das »zweite Deutschland« zu »entsorgen«. Es gab kein zweites Polen, kein zweites Ungarn, keine zweite Tschechoslowakei, keine zweite Sowjetunion. Die kritische Intelligenz in unserer Elterngeneration wurde mit deutscher Gründlichkeit in den Westen abgeschoben – man trifft sie heute noch an den Universitäten Westdeutschlands oder der USA – und durch eine »angepasste Intelligenz« ersetzt. Die negativen Auswirkungen waren während der gesamten DDR-Zeit spürbar. Es ist kein Zufall, dass 1989 bei den Demonstrationen keine Studenten dabei waren, die doch bei allen anderen Revolutionen in der Geschichte immer vorne standen. In Berlin sind die Studenten erst aktiv geworden, als IM Heiner Fink, der schnell noch als Rektor der Humboldt-Universität eingesetzt worden war, den Posten wieder verlieren sollte. Dagegen gab es die erste Studentendemonstration.

Als wir 1980 den ersten kleinen Friedenskreis in Pankow gründeten, bei dem es um globale Abrüstung ging, hatten wir das Gefühl, völlig von vorne anzufangen. Es gab für uns kaum noch etwas, an dem wir uns orientieren konnten – keine Ideen, keine Vorbilder früherer Generationen. Vielleicht hat auch das in der Umbruchzeit zu der Engstirnigkeit geführt, die viele Menschen im Umgang mit denen, die einen Ausreiseantrag gestellt hatten, oder überhaupt im Umgang mit dem Westen zeigten.

Karl Wilhelm Fricke
Ich möchte zunächst eine gewisse Bewegtheit zum Ausdruck bringen, dass dieses Symposion hier in Leipzig stattfindet, an einem authentischen historischen Ort. Leipzig ist nicht nur durch die Ereignisse im revolutionären Herbst 1989 das geworden, was es historisch heute darstellt, sondern Leipzig war schon immer ein Zentrum von Widerstand und Opposition in der DDR. Ich erinnere an die Gruppe Werner Ihmels an der Universität Leipzig. Die sowjetische Geheimpolizei nahm die Gruppe 1947 fest. Werner Ihmels selbst wurde nach seiner Verurteilung nach Bautzen gebracht, wo er 1949 starb. Der liberale Studentenführer und Studentenratsvorsitzende Wolfgang Natonek wurde im November 1948 verhaftet, weil er sich dem Führungsanspruch der Freien Deutschen Jugend widersetzte. Er blieb in Bautzen und Torgau bis 1956 in Haft. Ich erinnere weiterhin an die Gruppe um Herbert Belter: zehn Studenten an der Universität Leipzig in Verbindung mit Handwerkern und jungen Arbeitern, die in den frühen fünfziger Jahren von der Staatssicherheit verhaftet und an die sowjetische Geheimpolizei ausgeliefert wurden. Herbert Belter wurde von einem Militärtribunal zum Tode verurteilt und 1953 in Moskau erschossen. Alles authentische, dokumentarisch belegbare Schicksale.

Leipzig war zudem ein Zentrum des Aufstands am 17. Juni 1953: Demonstranten besetzten unter anderem die Zentralen der Leipziger Volkszeitung und der Freien Deutschen Jugend, vor dem Hauptbahnhof sangen über 600 Demonstranten das Deutschlandlied. Die Losung »Wir sind ein Volk!« im Herbst 1989 stand also durchaus in einer historischen Tradition. Ich erinnere auch daran, dass auf den Straßen von Leipzig am 17. Juni 1953 der erste Tote dieses dramatischen Tages zu beklagen war – erschossen von der Volkspolizei. Es war kein westlicher Agent, sondern der 19-jährige Gießer Dieter Teich.

Lothar Cetti, Staatsanwalt am Stadtgericht Leipzig, wurde 1954 verhaftet und im Juni 1955 zu lebenslänglichem Zuchthaus verurteilt, weil er dem Untersuchungsausschuss freiheitlicher Juristen in

West-Berlin entlarvende Justizdokumente, Anklageschriften und Urteile hatte zukommen lassen. Erst im August 1964 konnte Cetti freigekauft werden.

Es ließen sich noch viele weitere Beispiele anführen: Ich denke an Gerhard Hasse und Joachim Hoffmann, beide Dozenten für Mathematik an der Universität Leipzig, die 1956 verurteilt wurden und viele Jahre in Zuchthäusern saßen, oder an Erich Loest oder an den Studentenpfarrer Siegfried Schmutzler.

Opposition und Widerstand in der DDR sind für die Politik der Wiedervereinigung letztlich konstitutiv gewesen. Und zwar nicht erst im revolutionären Herbst 1989, sondern generell in den vier Jahrzehnten der DDR – und nicht nur in Leipzig natürlich, sondern republikweit. Bei aller Vielfalt oppositioneller und widerständiger Verhaltensweisen und Aktivitäten waren sich alle politischen Gegner der SED – auch wenn es eine gemeinschaftliche Idee, ein Widerstandsdogma nicht gegeben hat – in einem Kernziel einig: das Herrschaftsmonopol der SED zu brechen und die Demokratisierung der DDR zu erwirken. Der Weg zu dieser Demokratisierung konnte selbstverständlich nur über freie Wahlen führen, was erklärt, dass immer wieder die Frage der Wahlen im Mittelpunkt programmatischer Aussagen von Widerstandskreisen und Oppositionellen stand. Die freien Wahlen waren eine der wenigen zentralen Losungen – vielleicht sogar die einzige, wenn man von der Aufforderung nach Auflösung der Staatssicherheit absieht –, die über 40 Jahre Bestand hatte und letztlich auch Wirklichkeit wurde.

Für mich gab es nie einen Zweifel, dass sich die Menschen in der DDR bei freien Wahlen mehrheitlich für demokratische Parteien entscheiden würden, die sich grundsätzlich zur Wiedervereinigung bekennen. Der Gedanke an eine Einheit der Nation war den Menschen in der DDR trotz staatlicher Teilung stets gegenwärtig. Das erklärt sich allein schon aus der Überlegung, dass sie bei einer Wiedervereinigung auch den Zwang der Diktatur verloren hätten. Hätte es diesen nationalen Gedanken nicht gegeben, hätte sich die SED nicht in dem lächerlichen Versuch geübt, zwei Nationen in Deutschland zu erfinden – die Theorie einer kapitalistischen Nation im Westen und einer sich herausbildenden sozialistischen Nation im Osten.

Ich erinnere daran, dass die Forderung nach Wiedervereinigung bereits die Losungen der Demonstranten und Aufständischen am 17. Juni 1953 beseelt hat. Die Geschichte von Opposition und Wider-

Name

Straße

PLZ, Ort

Datum, Unterschrift

Haus der Geschichte
der Bundesrepublik Deutschland
Museumsshop
Willy-Brandt-Allee 14

53113 Bonn

MUSEUMS-FRAGEN.

- Ex. Informationstechnologie im Museum
  280 Seiten, DM 48,-

- Ex. Museen und ihre Besucher
  310 Seiten, DM 48,-

NACH-DENKEN.

- Ex. Konrad Adenauer und seine Politik
  180 Seiten (*vergriffen*)

- Ex. Thomas Dehler und seine Politik
  104 Seiten, DM 36,-

- Ex. Ludwig Erhard und seine Politik
  160 Seiten, DM 36,-

- Ex. Gustav Heinemann und seine Politik,
  112 Seiten, DM 36,-

- Ex. Carlo Schmid und seine Politik
  136 Seiten, DM 32,-

- Ex. Kurt Schumacher und seine Politik
  128 Seiten, DM 32,-

ZEIT-FRAGEN.

- Ex. Europäische Geschichtskultur im 21. Jahrhundert
  300 Seiten, DM 48,-

  Englische Fassung:
- Ex. The Culture of European History in the 21st Century
  280 Seiten, DM 48,-

- Ex. Der Weg zur Wiedervereinigung
  144 Seiten, DM 36,-Ex.

- Ex. Deutschland-Bilder
  104 Seiten, DM 36,-

- Ex. Israel und die Bundesrepublik Deutschland
  112 Seiten, DM 32,-

- Ex. Ungleiche Schwestern? Frauen in Ost- und Westdeutschland
  94 Seiten, DM 36,-

- Ex. 50 Jahre Marshall-Plan
  144 Seiten, DM 36,-

stand in der DDR kann in ihrer Bedeutung für die politische Kultur des geeinten Deutschland kaum überschätzt werden. Wir sollten uns darauf aus zwei Gründen besinnen: Erstens müssen wir die historische Leistung der Menschen in der DDR und ihren Anteil an der Gestaltung der deutschen Geschichte von 1949 bis 1989 angemessen würdigen. Insofern ist die Aufarbeitung von Oppositions- und Widerstandsgeschichte auch wesentlich für den Prozess des Zusammenwachsens in unserem Land, für die innere Einheit. Joachim Gauck sagte in seiner Rede im Deutschen Bundestag zur zehnten Wiederkehr des Tages, an dem sich in Berlin die Mauer öffnete, dass sich die Deutschen aus Ost und West gerade vor dem Hintergrund dieser Geschichte auf Augenhöhe begegnen können. Das sehe ich auch so.

Die Erinnerung an diese Geschichte stärkt das Selbstwertgefühl der Menschen hier, aber sie ist auch – und das ist der zweite Grund – konstitutiv für das demokratische Selbstbewusstsein aller Deutschen. Weil unser Volk nicht allzu reich mit demokratischen oder gar revolutionären Traditionen gesegnet ist, muss dem öffentlichen Bewusstsein immer wieder gegenwärtig gemacht werden, wieviel Opposition und Widerstand es in den zwei Diktaturen in Deutschland gegeben hat, vor allem beim Aufstand im Juni 1953 und beim Umbruch im Herbst 1989. In historischer Perspektive hat die friedliche und demokratische Revolution im Herbst 1989 vollendet, was im Sommer 1953 seinen Anfang genommen hat. In den beiden Diktaturen, die Deutschland heimgesucht haben, hat es Widerstand und Opposition gegeben – unter den Bedingungen sowohl der nationalsozialistischen wie der stalinistischen Diktatur. Das sollte uns für die Zukunft ermutigen, denn die Frauen und Männer der Opposition und des Widerstands vor wie nach 1945 sind historische Kronzeugen eines besseren, eben des demokratischen Deutschlands.

Rainer Eckert
Es bleibt eine Vermittlungsfrage: Wie ist die Bedeutung der Opposition in der DDR für die Wiedervereinigung zu vermitteln?

Friedrich Schorlemmer
Ich möchte zunächst auf die Eingangsfrage zurückkommen: Wie steht es um die Erinnerung der 16 Millionen Ostdeutschen an den Widerstand? Das Bild ist widersprüchlich. Viele Menschen meinen, Widerstand sei in der DDR gar nicht möglich gewesen, weil schon

ein freies Wort die Lebensmöglichkeiten genommen habe. Sie machen auf diese Weise die DDR noch schlimmer, als sie war, um zu entschuldigen, dass sie nichts getan und sich angepasst haben. Insofern sind die Bürgerrechtler das schlechte Gewissen derer, die brav mitgelaufen sind und deren Regentin nicht ihr eigenes Gewissen oder ihr eigenes Denken, sondern nur die Angst gewesen ist. Diese Angst hat das SED-Regime genährt, indem es immer wieder an Einzelnen Exempel statuierte, damit jedermann wusste: »Das kann dir auch passieren.« Das Strafgesetzbuch der DDR war gewissermaßen eine Abschreckungsschrift. Die Machthaber haben jedoch das Strafgesetzbuch nicht so angewandt, wie sie es dem Wortlaut nach hätten anwenden müssen, denn dann hätten die Gefängnisse nicht ausgereicht. Die Regierung ging nur dann strafrechtlich vor, wenn sie es politisch für opportun hielt. Und so hing dieses Strafgesetzbuch wie ein Damoklesschwert über den Menschen in der DDR. Viele Menschen haben schließlich so angepasst gelebt und sich so in den Verhältnissen eingerichtet, dass sie sich rückblickend vor allem an die wohlige soziale Sicherheit erinnern, weil die andere »Sicherheit« kaum ein Interesse an ihnen hatte. Die Menschen aber, die mit der Staatssicherheit ständig zu tun hatten, pochen immer wieder auf die Allgegenwart der Stasi und werfen den anderen vor: »Ihr seid ostalgisch.« So tut sich gegenwärtig zwischen einer kleinen Gruppe von Widerständigen und der großen Mehrheit der Angepassten, Mitläufer und Überzeugten ein Widerspruch in der Erinnerung an die DDR-Zeit auf.

Ich möchte mich so redlich wie möglich erinnern: Ich fand mich schon in meiner Jugendzeit, Ende der fünfziger Jahre, als ein »Einsamer in der Masse« von Überzeugten und Mitläufern. Widerstand war für mich damals pure Selbstbehauptung des Individuums gegen Ideologisierung und Kollektivierung. Das Grundproblem des DDR-Systems bestand darin – das hat sich 1989 gezeigt –, dass die Machthaber letztlich trotz der totalen Überwachungspraktiken Mielkes nicht wussten, was die Bevölkerung dachte. Ich behaupte sogar, die Menschen wussten größtenteils selbst nicht mehr, was sie dachten. Sie konnten sich erst orientieren, als sie selbst denken durften und auch mussten, und kamen dann in eine schwierige Positionierungs-Phase. Ende 1989 entstand die Redewendung: »Ich muss mich erst [zu dem oder dem Problem] positionieren.« Man wusste in jenen dramatischen Monaten nicht mehr, wer eigentlich wer ist und wer was denkt, will oder ablehnt. Als der Druck weg war und die Menschen in der DDR allgemein zur Freiheit des eigenen Denkens kommen konnten, fiel ihnen das selbstständige Denken schwer. Automatisch suchten sie wieder nach Anlehnung und nach einem, der sagt, wo es lang geht.

Damit möchte ich Ehrhart Neubert widersprechen: Der Widerstand in der DDR war und blieb gebremst. Wir haben meistens genau überlegt, was wir tun konnten und unseren Widerstand kalkuliert. Wir haben nicht nur gesinnungsethisch-utopisch reagiert, sondern auch danach gefragt, was jeweils möglich war. Alle diejenigen, die innerhalb des Geltungsbereiches des Mauerstaates blieben, lebten relativ alternativlos. Meine Maxime in jenen Jahren war, nicht so weit zu provozieren, dass man mich mit Sicherheit ins Gefängnis brächte. Das hatte zwei Gründe: Ich wollte nicht lebenslang in einem DDR-Gefängnis geschädigt werden – ich wusste, was in Bautzen mit den Häftlingen passierte – und ich wollte nicht in den Westen, sondern in diesem Land und bei diesen Menschen bleiben, mit denen ich verbunden war.

Eine weitere Erkenntnis prägte den Widerstand: Wir trafen die Unterscheidung zwischen Land und Leuten einerseits und dem System und seinen Funktionsträgern andererseits. Diese Unterscheidung praktisch zu vollziehen, war ein widerständiges Verhalten in sich. Signifikant dafür wurde ein Spruch, der in manchen Büros hing: »Bleibe im Lande und wehre dich täglich.« – eine Abwandlung von Psalm 37,3: »Bleibe im Land und nähre dich redlich.« Die Zeile »(...) wehre dich täglich« bedeutete: Die jetzigen Machthaber sind nicht legitimiert und ihnen gehört dieses Land nicht. Wenn auch wir noch weggehen, überlassen wir ihnen endgültig das Land. Wir dürfen unsere Mitmenschen nicht verlassen, damit der Widerstand nicht noch mehr geschwächt wird. Dies waren die Motive, im Lande zu bleiben und dabei die Grundunterscheidung zwischen Staat und Gesellschaft zu vollziehen.

Ich dachte vor allem seit 1968, dass es nur möglich sein würde, den Widerstand als ein Widersprechen zu organisieren, das sich gegen die Widersprüche des Systems richtet, und dabei zu versuchen, mit denen zu kooperieren, die aus dem System kommen und auch merken, dass zwischen propagierter und erlebter Wirklichkeit ein Widerspruch besteht. Wir haben uns in jenen Jahren aus dem Westen vor allem linksliberale Literatur schmuggeln lassen, darunter auch Werke kommunistischer Dissidenten wie Leszek Kolakowski und Milan Machoveč. Wir wollten Veränderungen schaffen, aber nur gewaltlos. Und wir dachten, das könnten wir mit den

Trägern des Systems erreichen, die sich an die geistigen Emanzipationsgrundlagen der sozialistischen Idee erinnern lassen und sich von jeglicher Ideologisierung befreien wollten, statt die Wahrheitsfrage als Machtfrage zu verstehen und mit Panzern zu erledigen. Wie wichtig waren deshalb Robert Havemann oder Rudolf Bahro! Zu unseren Zielen gehörte die unauflösliche Verbindung der individuellen und sozialen Menschenrechte beziehungsweise die Verbindung des Konzepts des Friedens nach innen mit der Abrüstung nach außen. Das ist mir bis heute wichtig.

Wir lebten in einem alternativlosen Staat und es haben damals viel mehr Menschen mitgemacht, als heute zugeben. Der Handlungsspielraum war gering und diesen Spielraum haben wir versucht auszufüllen und allmählich zu erweitern.

Ich finde es schön, dass Karl Wilhelm Fricke an viele einzelne Namen aus dem Widerstand in Leipzig erinnert hat. Ich möchte drei kleine Gruppen hervorheben, die am 9. Oktober 1989 eine besondere Rolle gespielt haben: die Arbeitsgruppe »Frieden«, die Arbeitsgruppe »Menschenrechte« und die Arbeitsgruppe »Umweltschutz«. Sie hatten einen Aufruf verfasst, der nicht so medienwirksam geworden ist wie der von Kurt Masur und anderen Prominenten, aber als »Aufruf gegen die Gewalt« ebenso wichtig war. Er kam aus den kleinen widerständigen Gruppen und beinhaltete den Satz, der später eine andere Bedeutung bekam: »Wir sind ein Volk!« Dieser – mahnende! – Satz meinte am 9. Oktober 1989: »Ihr Polizisten, ihr Kampfgruppen, ihr von der Armee und ihr von der Partei! Wir sind doch mit euch zusammen ein Volk. Machen wir doch keinen Bürgerkrieg!« Der Spruch, der gleichzeitig aufkam, hieß: »Wir sind das Volk!« Wer heute das Wort »Volk« und nicht das Wort »Wir« betont, verfälscht den Ursprungssinn. Es war kein völkischer Satz, sondern ein Widerstandssatz gegen die Anmaßung der SED und ihrer Herrschaftsorgane: »Wir sind das Volk und nicht ihr!« Später erst lautete der Satz: »Wir sind ein Volk!« und zielte einzig auf die deutsche Einheit.

»Wir sind ein Volk!« war also ursprünglich der Aufruf zur Gewaltlosigkeit. Ich glaube, dass der Umbruch in diesem Land, diese friedliche Revolution, nur gelingen konnte, weil schließlich nach einer langen, inneren Vorbereitungsphase in der unabhängigen Friedensbewegung – von Suhl bis Rostock – die Gewaltlosigkeit als Handlungsprinzip politisch griff und die Volksmassen mitmachten – so besonnen wie entschlossen.

Hermann Weber
Es ist von Ehrhart Neubert in seinem Referat gesagt worden und auch in der Diskussion immer wieder angeklungen, dass Opposition und Widerstand auch von der Form der Diktatur abhängen. Dann gilt jedoch das, was Friedrich Schorlemmer über die nicht ganz so barbarische Form der Diktatur gesagt hat, nicht für die Jahre nach 1945 und für die fünfziger Jahre. In dieser Zeit haben Kritiker für das Erzählen eines Witzes über Ulbricht vier Jahre Zuchthaus bekommen.

Mir ist es wichtig, sich über Folgendes klar zu werden: Es gab verschiedene Phasen des Auf- und Ausbaus der SED-Diktatur und folglich auch verschiedene Phasen der Möglichkeit von Widerstand und Opposition. Ob man die Frage mehr systematisch oder eher chronologisch-historisch angeht, ergibt sich unter anderem aus dem Stand der Diskussion.

Es ist für manchen erstaunlich, dass von Friedrich Engels die These stammt: Die Opposition kommt gegen die Diktatur deswegen auf, weil es einen »der Menschheit angeborenen Drang nach Freiheit« und die »Explosivkraft der demokratischen Ideen« gibt. Hier merkt man, dass auch im Bereich der Aufklärung – und das war ursprünglich ein Stück Aufklärung – diese Idee durchaus begriffen wurde. Diktatur führt nicht zwangsläufig dazu, dass bei den Menschen dieser Freiheitswille und diese Idee von der Kraft der Demokratie aufkeimen, aber es ist interessant zu prüfen, welche Formen von Widerstand sich daraus ergeben.

Wie soll man das systematisieren? Man könnte an die Formen anknüpfen, die Richard Löwenthal in seiner Forschung über den Widerstand in der Zeit des Nationalsozialismus aufgezeigt hat, und prüfen, inwieweit sie auch auf die DDR zu übertragen sind. Dabei handelt es sich um eine historische Betrachtungsweise. Heute ist die bereits angesprochene Archivsituation unser Vorteil. Wir verfügen nicht nur über die Archive der Unterdrücker – also des gesamten Staatsapparates, der Parteien und der SED –, sondern auch über die Oppositionsarchive. Insgesamt ein wunderbarer Bestand, der nur daran krankt, dass die westdeutschen Akten nach wie vor 30 Jahre gesperrt sind. Wieder eine Asymmetrie! Das ist äußerst bedauerlich, weil dadurch zur Beantwortung der angesprochenen Fragen vorläufig manches offen bleibt.

Wenn ich die These aufstelle, dass die Bedingungen des Widerstands immer von der jeweiligen Diktatur abhängen, komme ich auch zu der Frage: Wann ist eine revolutionäre Situation gegeben? Wenn die unten nicht mehr wollen und die oben nicht mehr können? Diese Bemerkung stammt von Lenin – und er hatte sicherlich recht. Wenn man die Politbüro-Sitzungen der SED von 1989 prüft, wird deutlich, dass das SED-Regime in dieser Zeit den Bezug zur Realität vollständig verloren hatte. Bis in den September 1989 hinein standen Reisen einzelner Politbüro-Mitglieder, Ordensverleihungen oder Geburtstagsfeiern auf der Tagesordnung und nur gelegentlich ein dramatischeres Thema, wie der Antrag des Neuen Forums auf Zulassung. Hier stimmt in der Tat Lenins Prophezeiung: Die oben konnten nicht mehr und die, die unten schon lange nicht mehr wollten, waren jetzt in der Lage das Ganze zu stürzen.

Ohne die Opposition und ihre Rolle innerhalb der Revolution wäre die Einheit nicht gekommen. In Deutschland waren Revolutionen nicht sehr häufig. Das Wichtigste bei einer Revolution ist das, was im Grunde gegen die deutsche Tradition läuft: Zivilcourage statt Untertanengeist. Die Oppositionellen in der DDR haben Zivilcourage bewiesen. Die Erinnerung daran wachzuhalten, bedeutet viel für unser demokratisches Gemeinwesen.

Rainer Eckert
Auch bei der Zivilcourage gibt es ein Vermittlungsproblem. Die Forschung ist mittlerweile auf dem neuesten Stand, aber die Frage stellt sich: Wie vermittelt man es einem breiten Publikum?

Anfang Oktober 1989 prophezeite ein Teilnehmer auf einer Kulturbundsitzung in Mecklenburg mittels des Leninzitats eine revolutionäre Situation in der DDR. Interessant war, wie die Kulturbundfunktionäre reagierten: Sie konnten nicht fassen, dass dieses Zitat, was von Lenin auf den Kapitalismus gemünzt war, plötzlich im eigenen System Relevanz haben sollte.

Ehrhart Neubert
Ich wäre vorsichtig mit solchen Zitaten. Wenn Engels davon spricht, den Menschen seien die Freiheit und die Demokratie angeboren, kann man das, was er unter Freiheit und Demokratie verstand, im kommunistischen Manifest von 1848 nachlesen. 1848/49 gab es in der Frankfurter Nationalversammlung Bemühungen, einen einheitlichen Nationalstaat mit einer demokratischen Verfassung zu gründen. Engels vertrat die Meinung, die Diktatur des Proletariats wäre die wahre Freiheit – also Vorsicht mit den marxistischen Kir-

chenvätern. Das gilt auch für Lenin, der trotz seines so wunderschönen Satzes nun wirklich keine demokratische Revolution losgelöst hat, sondern einen Putsch gegen eine demokratische Regierung. Die Denkmuster möchte ich mir nicht von diesen Menschen vorgeben lassen.

Von Friedrich Schorlemmer gibt es eine wunderbare Utopie, die ich schon etliche Male positiv verarbeitet habe: 1987 ist ein Flüchtender an der Mauer erschossen worden und Friedrich Schorlemmer schrieb: »Ich sehe die rundum grüne Stadt Berlin gedeihen. (...) mitten durch die Stadt führt ein breiter Grünstreifen.« Auch die Skulptur »Schwerter zu Pflugscharen« ist eine Utopie und mit solchen Utopien wurde gearbeitet. Ich bestreite nicht die systemsprengende Kraft dieser Utopien, aber ihr Nachteil war, dass sie nicht zu einem klaren politischen Programm geführt haben. Sie haben keine Antwort auf die deutsche Frage gegeben. Daraus ist die unglückliche Lage entstanden, dass man heute über die für mich wunderbaren Institutionen der Demokratie jammert, weil man in der DDR auf diese Institutionen nicht vorbereitet wurde.

Wir dürfen nicht denselben Fehler machen wie die Kommunisten, die immer konstruiert, aufgebaut, geformt und erzogen haben. Man kann Demokraten nicht pressen und backen, Voraussetzung ist vielmehr eine demokratische Erfahrung. Bildung, Aufklärung und Kenntnisse über den Widerstand können diese Erfahrung fördern. Die Menschen müssen Lust an der Freiheit bekommen, besonders die jungen Menschen.

Noch eine Anmerkung zur Erinnerung an den Widerstand, die häufig mit Legendenbildung verbunden ist. Als ich meine »Geschichte der Opposition in der DDR« veröffentlichte, beklagte sich ein Konservativer, ich hätte viel zu wenig Widerstand geschildert. Er beispielsweise hätte als Konservativer still gegen das System angelebt. Im »Neuen Deutschland«, also auf der anderen politischen Seite, stand in einer Rezension zu meinem Buch, ich hätte vergessen zu beschreiben, dass in den letzten Jahren der DDR bis in die höchsten Ränge der SED-Führung hinein kaum noch einer mit dem System einverstanden gewesen sei.

Freya Klier
Ich möchte an den Begriff Legende anschließen: Ich habe in der letzten Woche zusammen mit einigen Pfarrern in Berlin das Buch »Die Geschichte der solidarischen Kirche« vorgestellt. Als ich er-

zählte, dass ich zu dieser Tagung nach Leipzig führe und mit Friedrich Schorlemmer auf dem Podium säße, schlossen wir eine Wette ab, ob Friedrich Schorlemmer es fertig brächte, sich nach zehn Jahren Mauerfall zu seiner wahren Biografie zu bekennen. Ich hielt dagegen und es stellte sich heraus, dass die überwiegende Mehrheit nicht damit rechnete. Meiner Meinung nach, Herr Schorlemmer, liegt es an Ihrer SED-nahen, jetzt PDS-nahen Haltung, dass Sie sich nicht mit Ihrer Lebenslüge auseinander setzen. Es gibt kaum einen Pfarrer in der DDR, der Sie als den erlebt hat, als den Sie sich darstellen. Der »Spiegel« hat Ihre Biografie veröffentlicht und jeder konnte lesen, wie Sie den Mann, der eigentlich die »Schwerter zu Pflugscharen« geschmiedet hat, behandelt haben.

Ich selbst habe Sie nur als jemanden erlebt, der sich zurückhaltend verhielt, als bei uns die ersten Bürgerrechtler bereits im Gefängnis saßen. Anfang 1988 trafen Sie sich mit Kurt Hager in der Humboldt-Universität in Ost-Berlin und sprachen über die Verbesserung des guten Verhältnisses von Staat und Kirche. In Bernburg, in Ihrem Sprengel in Sachsen-Anhalt, gab es einen wirklich mutigen Pfarrer. Dieser Pfarrer Baumgart und seine Frau sind von der Staatssicherheit in die Mangel genommen worden, da sie sich Restriktionen widersetzten und unter anderem ein verbotenes Konzert mit Stefan Krawczyk und mir stattfinden ließen. Beide hätten sich gewünscht, dass Sie mit ihnen Solidarität geübt hätten, doch das ist nicht passiert.

Ich finde, es sind genug Lügen über die DDR verbreitet worden. Wir sollten von Jahr zu Jahr etwas näher zum Kern der Wahrheit vorrücken und dabei sollten auch Sie Ihre Lebenslüge aufdecken. Vielleicht finden Sie dann zu einem anderen Umgang mit der DDR-Geschichte.

Friedrich Schorlemmer
Ich möchte wissen, worin Sie diese Lügen sehen. Ich bin in meinem Leben nie Kurt Hager begegnet – weder 1988 noch danach. Sie haben diese Behauptungen schon früher veröffentlicht und erklärt, Hager habe mich als Nasenbär durch die Stadt geführt, während Sie im Gefängnis gesessen hätten. Ich würde gern wissen, wie Sie zu solch einer Behauptung kommen.

Zu Pfarrer Baumgart hatte ich in der Tat kaum Kontakt. Wir sind uns nur einmal in seinem Pfarrhaus in Bernburg begegnet. Pfarrer Baumgart und seine Frau hatten zu diesem Zeitpunkt schon einen

Ausreiseantrag gestellt. Wir sind mit der Gruppe »Frieden 83« abends zu einer Veranstaltung mit Ihnen und Stefan Krawczyk gegangen und wussten das alles nicht. Mehr ist mir über Pfarrer Baumgart und seine Aktivitäten nicht bekannt. Ich würde gern wissen, warum Sie solche Anschuldigungen vorbringen, und bitte Sie, dafür Beweise zu bringen.

Freya Klier
Ich schlage vor, wir organisieren demnächst in Ihrer Akademie in Wittenberg einen »Schorlemmer-Abend«. Ihre Akademieleiterin, die Sie entlassen haben, hat mich schon oft gebeten, das zu tun.

Friedrich Schorlemmer
Ich möchte wissen, von welchen Lügen Sie reden, und dies hier nicht im Raum stehen lassen. Sie haben eben erzählt, dass ich mit Kurt Hager Kontakt hatte, während Sie im Gefängnis saßen. Woher haben Sie solche Informationen?

Karl Wilhelm Fricke
Ich darf noch einmal etwas Grundsätzliches zum Widerstandsphänomen in der DDR sagen. Man kann meiner Auffassung nach niemandem, der in der DDR geblieben ist, einen Vorwurf machen, wenn er keinen Widerstand geleistet hat. Widerstand war immer eine Gewissensentscheidung. Zweifellos musste es das Interesse jeder Regierung in Bonn sein, dass die Menschen die DDR nicht verließen. Es gab in der Zeit von 1949 bis 1989 drei Millionen Flüchtlinge, aber die Wiedervereinigung sollte, wenn man sie ernsthaft anstrebte, nicht sozusagen im Westen stattfinden. Deshalb ist es unsinnig zu ignorieren, dass Menschen, die sich zum Bleiben in der DDR entschlossen hatten, natürlich immer auch ein gewisses Maß an Anpassung demonstrieren und leben mussten, weil sie sonst in und unter dieser Diktatur nicht hätten überleben können. Wer sich nicht zum Büttel des Regimes hat demütigen lassen, der verdient meinen Respekt. Bei denen, die mit der Staatssicherheit zusammengearbeitet haben, hört natürlich meine Toleranz auf. Doch die meisten Menschen, die in der DDR geblieben sind, sind »anständig« geblieben. Untersuchungen haben erwiesen, dass etwa zwei Prozent der erwachsenen Bevölkerung im Laufe der 40 Jahre mit der Staatssicherheit zusammengearbeitet haben. Das heißt mit anderen Worten: 98 Prozent haben sich geweigert.

Wie kann man Widerstandsgeschichte vermitteln? Das ist eine schwierige Frage. Man muss sich davor hüten, Legenden zu bilden oder einen Widerstandsmythos zu kreieren. Wir müssen bei der historischen Wahrheit bleiben: Widerstand hat nur eine verschwindende Minderheit geleistet. Erst in den siebziger und achtziger Jahren begannen oppositionelle Gruppen, auch zahlenmäßig stärker in Erscheinung zu treten, aber sie waren dann in der Lage, öffentliche Massenaktionen bis in den Herbst 1989 hinein anzuregen. Doch in ihren Anfängen waren die Widerstandsgruppen mehr oder weniger nur esoterische Zirkel.

Wir wissen bis heute viel zu wenig über die Geschichte der Opposition und des Widerstands. Ein Beispiel sei mir dazu noch erlaubt: 1995, also erst nach viereinhalb Jahrzehnten, wurde bekannt, dass sich Anfang 1950 am Gymnasium in Altenburg eine Widerstandsgruppe gebildet hatte. Die Altenburger Lehrer und Schüler sahen sich in der Tradition des antifaschistischen Widerstandes. Nach dem Vorbild von Hans und Sophie Scholl, auf die sie sich ausdrücklich beriefen, verteilten sie selbstgefertigte Flugblätter. Außerdem bastelten sie einen funktionstüchtigen Mittelwellensender mit einer Reichweite von fast 40 Kilometern. Im März 1950 wurde diese Gruppe zerschlagen. 19 Oberschüler und Lehrer wurden verhaftet und von der Staatssicherheit an die sowjetische Geheimpolizei überstellt. Nach halbjähriger Untersuchungshaft verurteilte sie ein Militärtribunal im September 1950 zu langjährigen Freiheitsstrafen. Drei der Angeklagten wurden zum Tode verurteilt: Hans-Joachim Näther, Siegfried Flack und Wolfgang Ostermann – ein Lehrer und zwei Schüler. Sie wurden am 12. Dezember 1950 in Moskau erschossen. Erst 1995 erhielt man Gewissheit über ihr Schicksal.

Hermann Weber
Wenn ich mit meinem Engels-Zitat Ehrhart Neubert schockiert habe, weist das auf ein prinzipielles Problem des Herrschaftssystems der DDR und damit auch der Opposition hin: Was ist die DDR eigentlich gewesen? War sie die Verwirklichung der Ideen von Marx und Engels oder war sie eine Kopie des in der Sowjetunion herrschenden Systems, das von Stalin geprägt worden war? Wenn letzteres der Fall ist, und ich bin dieser Meinung, wie erklärt sich dann die über 40 Jahre dauernde Fixierung der Menschen in der DDR – oder schon in der SBZ – auf den größeren, reicheren und demokra-

tischen Teil Deutschlands und damit auf unser Hauptthema: auf die Wiedervereinigung?

Wenn die Theorie von Marx und Engels (im kommunistischen Manifest kommt übrigens der Begriff Diktatur des Proletariats nicht vor) später als Ideologie der Rechtfertigung und Instrumentalisierung der SED-Führung gedient hat – was man nachweisen kann –, dann ist klar, warum die SED-Führung die Sozialdemokraten, von denen sehr viele überzeugt waren, dass einige Grundaussagen von Marx und Engels auch im 20. Jahrhundert noch Bedeutung haben, radikal verfolgte.

Meine These ist, dass Marx in der Tradition der deutschen Arbeiterbewegung steht, aber keineswegs in dem Sinne, wie sie die SED-Legende geschaffen hat. Ich persönlich möchte Marx nicht der PDS heute und der SED damals zurechnen und kann nicht akzeptieren, dass die Linie Marx-Engels-Lenin-Stalin am Ende doch richtig gewesen sei. Insofern dürfte Sie eigentlich das Engels-Zitat, das doch wirklich sehr gut ist, nicht so erschrecken.

Freya Klier
Ich wollte noch etwas zu den unterschiedlichen Erfahrungen der Generationen sagen. So kann man die Ereignisse 1953 und 1989 nicht vergleichen. 1953 – das war nur wenige Jahre nach der Teilung Deutschlands. Die Teilung und die vielen Schicksale, zum Beispiel die Verschleppungen in den Osten, waren noch sehr präsent und die Hoffnung auf Wiedervereinigung immer noch sehr groß. 1989 spielte der Gewöhnungseffekt eine wesentliche Rolle und die Mauer stand schon lange fest in den Köpfen der Menschen. Der erste Spruch auf den Transparenten der Demonstranten war übrigens »Wir bleiben hier!« und nicht »Wir sind das Volk!«. »Wir bleiben hier!« war eine Reaktion auf die Öffnung der ungarischen Grenze. Hier spielen wieder die unterschiedlichen Erfahrungen der einzelnen Generationen eine Rolle: Die erste Generation hatte noch ein geeintes Deutschland erlebt, die zweite kannte nur die DDR. Ich hatte nie eine Anti-Haltung zum Westen, aber wenn ich gefragt wurde, als was ich mich sehe, habe ich gesagt: »Ich bin DDR-Bürgerin«. Ich war auch nichts anderes als Angehörige des Jahrgangs 1950. Jede weitere Generation konnte immer weniger etwas mit dem Wort »Wiedervereinigung« anfangen.

Ehrhart Neubert
Die Spaltung einer Bewegung wie der Arbeiterbewegung in zwei fundamentale Richtungen – in eine demokratische und in eine diktatorische – ist nichts Ungewöhnliches. Das gibt es überall, auch bei den Konservativen. Aber gleichgültig welche politische Färbung und Ideologie – nur die Demokraten sind für uns akzeptabel. Die Legitimationsmuster der diktatorischen Richtung der Arbeiterbewegung sind eben auch Marx und Engels, und Sie finden bei beiden viele Zitate, die eine Diktatur legitimieren, aber wesentlich weniger Zitate zum Thema Freiheit.

Beim innerkommunistischen Widerstand muss man sehr sorgfältig unterscheiden: Sie kennen sicherlich die Gruppen um die Staatssicherheitsminister Wilhelm Zaisser und Ernst Wollweber. Zaisser und Wollweber hatten sich von Ulbricht abgesetzt und das war ganz deutlich ein Ergebnis typischer kommunistischer Machtkämpfe. Es hatte nichts mit Opposition zu tun und schon gar nichts mit einer demokratischen Opposition. Beide Staatssicherheitsminister haben unzählige Menschen auf dem Gewissen. Wenn Sie die innerkommunistische Opposition nach demokratischen Maßstäben bewerten wollen, müssen Sie überprüfen, ob sich die einzelnen Vertreter tatsächlich von dieser Ideologie gelöst haben.

Eine meiner »Lieblingsschriftstellerinnen«, Daniela Dahn, hat die These aufgestellt, dass der gesamte Widerstand in der DDR im Wesentlichen kommunistischer Widerstand gewesen sei. Sie bezieht sich dabei unter anderem auf Wolfgang Harich, Robert Havemann und Wolfgang Templin. Die Texte Harichs, Havemanns und Templins zeigen deutlich, dass sich bei diesen Oppositionellen der Abstand zum System und zur Ideologie im Laufe der Zeit stetig vergrößert hat. Bei Havemann kommt dies besonders zum Vorschein: Er wandelte sich von einem Stalinisten und IM des KGB zu einem Demokraten, der schließlich der Meinung war, dass wir die DDR nicht mehr brauchten.

Es ist eine Legende in der DDR-Forschung, dass es in der DDR einen Freiheitszuwachs gegeben habe. Sollte der Freiheitszuwachs vielleicht darin bestanden haben, dass die SED-Führung in den achtziger Jahren keine Leute mehr hingerichtet hat oder nur noch heimlich? Die SED-Führung hatte die totale Herrschaft inne, sie reduzierte die Kirche auf 20 Prozent ihres Bestandes und schwächte die Opposition in einem Maße, wie es in keinem anderen sozialistischen Land geschah. Das war keine kommode, sondern eine perfekt technokratische Diktatur. Nur ist es für solche Herrschaftssysteme typisch, dass sie sich so lange selbst perfektionieren, bis sie in sich nicht mehr funktionieren und von selbst aufhören zu existieren. »Wenn die oben nicht mehr können (...) – die SED-Führung konnte wirklich nicht mehr, sonst hätte sie den Befehl gegeben zu schießen. 1985 schrieb ein polnischer Journalist: »Der Kommunismus ist mausetot, aber es merkt noch keiner.« Wir haben es erst 1989 gemerkt und manche bis heute noch nicht.

Claus Bochröder
Ich bin 1941 in Leipzig geboren und war in der DDR als Wirtschaftsexperte tätig. 1972 bin ich ausgestiegen und war bis 1979/80 in der Opposition aktiv. Sofort nach der Afghanistaninvasion entschloss ich mich, über Berufsverbot die Ausreise zu erzwingen, um vom Westen her die deutsche Einheit anzustreben. Ich bin kläglich gescheitert, ausgegrenzt und verleumdet worden, so dass bis heute das Problem für mich noch nicht geklärt ist.

Nach Karl Wilhelm Fricke konnte sich die Bundesregierung nicht mit dem starken Ausreisedrang einverstanden erklären, da die Wiedervereinigung schließlich nicht im Westen stattfinden sollte. Doch meiner Meinung nach sind es ausschließlich die Ausreisewilligen gewesen, die den nötigen Druck gemacht haben. Durch die Ausreisewilligen konnten die Menschen in der DDR auf die Straße gehen und sagen, wir bleiben hier.

Diese Tatsachen wurden im Westen von den Achtundsechzigern nicht gesehen. Wir haben nämlich nicht nur die tschechoslowakische Revolution gehabt, sondern auch die Revolution der Achtundsechziger im Westen, die von der Stasi sehr stark beeinflusst worden ist. Bis heute haben viele Menschen aus der westlichen Medienwelt ein schlechtes Gewissen (Engert, SFB, 20. September 1990 im Tagesthemenkommentar: »Nun ist die Einheit unter Dach und Fach. Aber haben wir sie denn gewollt? Nein, sie ist uns über den Hals gekommen. Gorbatschow als Weihnachtsmann (...)! Leider können wir das Geschenk nicht zurückgeben. Seien wir ehrlich: Wie war's doch so schön in der Zweistaatlichkeit.«).

Auch in diesem Zusammenhang ein Satz zu den Jammerern: Die ersten Jammerer sind die »Wessis« gewesen. Wolfgang Mischnik hat nach dem Fall der Mauer die Ostdeutschen aufgefordert, daheim zu bleiben, und auch WDR-Intendant Fritz Pleitgen vertrat die Meinung, dass der Westen es nicht verkrafte, wenn alle Ostdeutschen kämen (Fritz Pleitgen am 6. November 1989: »23.500 sind alleine am letzten Wochenende gekommen. In ein paar Wochen brauchen sie den Umweg über Prag nicht mehr zu nehmen. Ich fürchte, die Welle, die dann auf uns zukommen kann, werden wir materiell und moralisch nur schwer verkraften.«). Im Westen ist sehr viel schief gelaufen zum Nachteil der über 20 Prozent arbeitslosen Ostdeutschen. Auch das hat im Prozess der Wiedervereinigung eine große Rolle gespielt.

In der DDR – und vor allem in Leipzig – hat es immer Widerstand gegeben, auch in kleinen Dingen. 1965 fand in Leipzig eine Rad-Weltmeisterschaft statt. Rudi Altig, Verfolgungsweltmeister bei den Profis, gewann und die Leipziger haben vor Freude die gespielte Nationalhymne, das Deutschlandlied, mitgesungen. Die Kommunisten waren natürlich furchtbar wütend. Es gab in der Stadt bald keine großen Sportfeste mit den Westdeutschen mehr oder nur streng kontrollierte, weil die Leipziger immer sehr aufmüpfig und wenig konform waren. Wir in Leipzig haben den Westen durch die beiden jährlichen Messen sehr intensiv miterlebt und immer diese Einheit gefeiert.

Gerhard Rein
Die Kontroverse zwischen Freya Klier und Friedrich Schorlemmer bewegt mich sehr. Als Korrespondent aus dem Westen hatte ich intensive Kontakte zur Opposition in der DDR aufgenommen. Daraus sind Freundschaften entstanden, die zu pflegen sich immer noch lohnt, auch wenn führende Köpfe dieser Opposition sich politisch so weit auseinander gelebt haben. Freya Klier und Friedrich Schorlemmer zähle ich in diesem Sinne zu meinen Freunden.

Im Mai 1990 haben Heino Falcke aus Erfurt und ich den Versuch unternommen, die wichtigen Stimmen dieser Opposition noch einmal zusammenzubringen um herauszufinden, ob es trotz der mittlerweile unterschiedlichen politischen Wegrichtungen nicht doch noch so etwas wie einen Konsens geben könne. Der Versuch ist misslungen. Im Mai 1990 hatte die Opposition in der DDR (wir nannten sie damals die Friedens- und Umweltgruppen im Umfeld der evangelischen Kirchen) keine gemeinsame Sprache mehr.

Dass die Oppositionellen sich mittlerweile noch weiter auseinander gelebt haben, ist außerordentlich bedauerlich. Sie hatten in der DDR ein gemeinsames Gegenüber: die herrschende Ideologie, den totalitären Staat. Die zwanzig Thesen, die Schorlemmer im Juni

1988 auf dem Kirchentag in Halle vortrug, zeigen seine Distanz zum SED-Staat ebenso wie Freya Kliers kritische Theaterarbeit. Wenn Freya Klier hier den Vorwurf der Lebenslüge erhebt, vergibt sie sich jede Chance, durchaus berechtigte Fragen danach zu stellen, wie Friedrich Schorlemmer sich heute zur Arbeit der Gauck-Behörde, zur Debatte um einen Schlussstrich unter deutsch-deutsche Geschichte und zu möglichen strategischen Fehlern der DDR-Opposition nachträglich äußert. Einige Freunde von ihm und auch ich sehen in seiner Haltung eine Nähe zur PDS. Friedrich Schorlemmer bedauert zum Beispiel, dass die DDR-Opposition nicht rechtzeitig mit den Reformern in der SED gesprochen habe. Doch diese Reformer an der Humboldt-Universität haben sich erst in der letzten Sekunde der DDR, im Sommer 1989, zu Wort gemeldet. Wer mit ihnen redete, redete doch gleichzeitig mit der Stasi. Auch wer gegen eine politische Ausgrenzung der SED-Nachfolgepartei plädiert, sieht doch die Gefahr, dass Friedrich Schorlemmer und auch andere aus der DDR-Opposition im Nachhinein ihre integeren politischen Biografien beschädigen.

Karlheinz Blaschke
Ich war Historiker am Theologischen Seminar in Leipzig. Im August 1989 hatte ich im Staatssekretariat für Kirchenfragen ein Gespräch mit dem Hauptabteilungsleiter Peter Heinrich, der mir seine Not mit den kirchlichen Kräften schilderte und dabei in einem Atemzug Rainer Eppelmann und Friedrich Schorlemmer nannte. Dies nur als Anmerkung zu dem Streit auf dem Podium.

Der Weg zur Wiedervereinigung hat mehrere Spuren. Wir haben zuerst die Spur auf der Seite der Großmächte und der Diplomatie kennengelernt. Auch dabei ist schon viel über die Rolle des Volkes gesagt worden. Ich möchte ansetzen mit der Frage, wer denn eigentlich der auslösende Faktor in all diesen unbestreitbaren weltpolitischen und diplomatischen Zusammenhängen gewesen ist. Meiner Meinung nach war es die ostdeutsche Bevölkerung. Ich behaupte sogar, es waren die Menschen in den sächsischen Städten. Diese Revolution war sächsisch, bürgerlich, lutherisch.

Die Revolution war sächsisch, weil sie ihre Massenbasis in den sächsischen Großstädten gefunden hat. Unbestreitbar hat Berlin eine Rolle gespielt, aber meiner Kenntnis nach waren dort mehr die intellektuellen und künstlerischen Kreise aktiv. Zu großen Demonstrationen kam es zunächst nur in Leipzig und in Dresden, lange bevor die Demonstration in Berlin stattfand. Vier Wochen, nachdem in Leipzig und Dresden bereits alles gelaufen war, wachten die Menschen im Norden der DDR endlich auf und fragten: »Warum kann das bei uns nicht auch geschehen, wir müssen es den Sachsen nachmachen.«

Die Revolution war bürgerlich: Sachsen hat seit Jahrhunderten einen starken bürgerlich-städtischen Bevölkerungsanteil, viel mehr als andere deutsche Gegenden. Was Karl Wilhelm Fricke über die Urbanität und die Rolle der Stadt Leipzig gesagt hat, geht genau in diese Richtung. Bürgerlich sein, heißt Selbstverantwortung entwickeln, heißt, die vertikale Struktur einer gelenkten Gesellschaft in eine horizontale umbiegen. Das ist in den Städten im Mittelalter geschehen und es ist hier wieder geschehen: Die Bürger haben die Befehlsstruktur, die von oben ausging, auf revolutionäre Weise umgeändert in eine selbstverantwortliche bürgerliche Gesellschaft. Als Beispiel nenne ich die »Gruppe der Zwanzig« in Dresden, wo mit einem Male aus diesem bürgerlichen Geist heraus ein Kreis entstanden ist, der Verantwortung übernommen hat.

Das war in der Kirche vorgebildet. Nur in der Kirche gab es Synoden, Kirchenvorstände, Hauskreise und Jugendgruppen, in denen freie Meinungsäußerung und freie Diskussion möglich gewesen sind. In der Kirche wurde eine gegengesellschaftliche Struktur eingeübt, die in dem Augenblick, in dem die Großwetterlage es gestattete, sich auswirkte und zu der Revolution von 1989 führte.

Die Revolution war lutherisch: Luther diskutiert in seiner Schrift »An den christlichen Adel der deutschen Nation« (1520) seine »Zwei-Reiche-Lehre«, die von einer gemeinsamen Verantwortung des weltlichen und des christlichen Reiches ausgeht. Dort, wo das eine Reich versagt, muss das andere eintreten. So war es im Jahre 1989: Die weltliche Seite hatte versagt und die kirchlichen Aktivitäten füllten jetzt die entstandenen Lücken. Der These der bereits erwähnten polnischen Politologin Wolff-Poweska, die Revolution sei unblutig verlaufen, weil sie von humanistischem Gedankengut geprägt gewesen sei, möchte ich die Frage entgegenstellen: War es humanistisches Gedankengut oder war es nicht eher christliches Gedankengut? Diese revolutionäre Bewegung, die aus der Kirche heraus auf die Straße übergegriffen hat, hat etwas von dem friedlichen Geist Jesu von Nazareth mitgebracht. Dieser friedliche Geist prägte letztlich die gesamte Revolution.

Diskussion

Reinhard Bohse
Wir haben die einmalige Chance, zwei aus der Bürgerrechtsbewegung vor uns zu haben, die eine ungeheure Spannung auf dem Podium ausgelöst haben. Ich möchte, unabhängig von der Frage, ob Friedrich Schorlemmer Hager getroffen hat oder nicht, diese Spannung aufgelöst, das heißt zumindest näher erklärt bekommen.

Hermann Weber
Ich habe nicht behauptet, dass mit der Abschwächung der Brutalität der Diktatur, wie sie in den vierziger und fünfziger Jahren mit zahlreichen Todesurteilen und Strafen existierte, ein Freiheitszuwachs stattgefunden habe. Ich meinte, dass sich die Formen verändert haben und dass dies natürlich, trotz der Überwachung durch den Kontrollstaat, die Möglichkeiten der Opposition vergrößert hat.

In der Arbeiterbewegung liegt der Hauptgegensatz zwischen denen, die der Diktatur anhängen, und denen, die der Demokratie anhängen. Das wird von mir seit 40 Jahren so gepredigt und davon bin ich überzeugt. Insoweit gibt es da keinen Dissens. Nur was die Einschätzung der Tradition der deutschen Arbeiterbewegung – und damit eben nicht bloß von Ferdinand Lassalle, sondern bis zu einem gewissen Grad auch von Karl Marx – angeht, sind wir unterschiedlicher Meinung. Aber das hängt wahrscheinlich weniger vom wissenschaftlichen als vom politischen Standpunkt ab, der uns in diesem Fall trennt. Das muss jedoch kein Fehler sein, sondern es ist ein Vorzug unserer pluralistischen Gesellschaft.

Über die innerkommunistische Opposition kann man streiten. Die von Ehrhart Neubert erwähnten Cliquenkämpfe hat es natürlich gegeben, aber das bedeutet nicht, dass nicht auch eine innerparteiliche Opposition existierte. Wir haben in unserem »Jahrbuch für historische Kommunismusforschung« 1997 einen umfangreichen Bericht der Stasi von 1956/57 veröffentlicht, in dem dargelegt ist, was an innerkommunistischer Opposition in den Institutionen vorherrschte. Sicher gilt das nur für die Anfänge der DDR und nicht mehr für die spätere Phase, in der bereits alles perfekt durchgeformt war.

Karl Wilhelm Fricke
Ich möchte auf das antworten, was Ehrhart Neubert im Zusammenhang mit Zaisser und Wollweber gesagt hat. Man kann beide Fälle nicht gleichsetzen. Zaisser ist von Ulbricht gestürzt worden, weil er eine andere politische Konzeption vertreten hat. Er hat in der

Tat die Bedeutung der nationalen Frage erkannt und wich damit von der offiziellen Linie ab. Zaisser wurde vorgeworfen, eine Fraktion gebildet und im Vorfeld des 17. Juni versagt zu haben. Tatsächlich hatte die Staatssicherheit keinerlei Warnsignal vor dem bevorstehenden Aufstand gegeben. Sein Standpunkt zu Ulbricht war so konträr, dass man ihn durchaus der innerkommunistischen Opposition zurechnen kann – aber nur der innerkommunistischen Opposition, das muss man deutlich unterstreichen. Wollweber hingegen wurde von Ulbricht gestürzt, weil sich dieser seiner Loyalität nicht mehr sicher sein konnte.

Freya Klier
Ich möchte anregen, in einer Veranstaltung die Entspannungspolitik in den Mittelpunkt zu stellen. Es gab in der vorigen Diskussionsrunde Äußerungen, mit denen ich mich nicht einverstanden erklären kann. Ich teile zum Beispiel nicht die Meinung, dass die Schlussakte von Helsinki dazu geeignet gewesen sei, die Situation insgesamt zu erleichtern, sondern die SED-Führung machte lediglich in der Innenpolitik einige Zugeständnisse.

Es gibt sehr verschiedene Phasen und sehr verschiedene Blickwinkel in der Widerstandsgeschichte. Wie wird heute damit umgegangen? Das Thema ist noch lange nicht ausdiskutiert.

Ich musste jetzt zehn Jahre lang mit ansehen, wie jemand seine Biografie in einer Weise präsentiert, die nicht der Wahrheit entspricht. Ich verstehe nicht, warum man nicht sagen kann: »Es ist nun genug Zeit vergangen, ich baue wieder ein bisschen ab davon. Vielleicht ist es ja gar nicht so, wie ich es dargestellt habe.« Gegen Ende der DDR-Zeit tauchten plötzlich viele auf, die angeblich immer Widerstand geleistet haben. Ich habe Pfarrer erlebt, die Rückgrat und Mut hatten, und das wurde auf einmal ganz anders beurteilt. Es geht hier um ein Grundproblem und nicht um eine persönliche Geschichte mit Friedrich Schorlemmer. Es ist natürlich sehr leicht: Jemand hebt einen auf einen Sockel, man wird umschwirrt und richtet sich darauf ein. Ich denke aber, dass wir es den Menschen schuldig sind, die wirklich Zivilcourage gezeigt haben, dass die historische Wahrheit übrig bleibt.

Friedrich Schorlemmer
Frau Klier, ich sehe keinen Anlass, mich zu Ihren abstrusen Behauptungen über meine angebliche Nähe zur SED zu äußern. Was

Sie hier behauptet haben, ist durch nichts belegt und auch nicht belegbar. Ich habe von Anfang an in diesem Land abseits gestanden und mich unterscheidet sicher von vielen anderen – auch von Ihnen! –, dass ich nie ein FDJ-Hemd trug. Aber ich werfe es niemandem vor, wenn er es trug. Ich will mich weder selbst auf einen Sockel stellen, noch von anderen auf einen Sockel gestellt werden. Ich lasse mir allerdings nicht gefallen, dass Sie hier öffentlich von Lügen sprechen, ohne zu belegen, dass ich gelogen habe. Das ist einfach kein Stil. Aber ich will mich vor Ihnen nicht weiter rechtfertigen.

Der Kirche wurde immer wieder von den Staatsorganen vorgeworfen, dass sie in Opposition stehe und dass ihre Räume als Oppositionslokale fungierten. Es gab Kirchendiplomaten, die ausdrücklich sagten, dass Kirchen »keine Oppositionslokale« seien. Viele Gemeindemitglieder hatten Angst, dass sie als Kirchgänger kriminalisiert werden könnten, wenn sich die Kirche zu sehr politisierte und in Konfrontation zu dem Staat ginge. Kirchenleitende Personen mussten ständig zwischen engagierten Gruppen und traditioneller Gemeindearbeit vermitteln. Dass dies letztlich sehr produktiv war, zeigte die Ökumenische Versammlung in ihren Abschlusspapieren vom April 1989.

1989 ist etwas geschehen, womit wohl niemand gerechnet hat: Aus der Friedensarbeit heraus wurde der Geist Martin Luther Kings politisch wirksam. Der Geist der Gewaltlosigkeit und des Friedens verband sich mit politischer Entschlossenheit, trug die Menschen durch dramatische Konflikte hindurch und ermutigte sie. Ich zähle das durchaus zur politischen Konzeption der Opposition. Die eine Frage ist: »Welche Zuversicht hast du für dein Tun?« Und die andere Frage ist: »Welche Strategie hast du, um etwas zu erreichen?«

Den Staatsorganen erschien es als das Gefährlichste, wenn die kleinen widerständigen Gruppen ihr Aktivitäten vernetzten oder politische Konzepte entwickelten. Wir blieben wohl meist unterhalb dessen, was wir eigentlich sagen oder tun wollten, weil wir wussten: »Wenn wir noch weiter gehen, dann geht es auf jeden Fall nach Bautzen.« Insofern ist es richtig, dass wir kein ausformuliertes politisches Programm hatten, zum Beispiel für die Bildung einer pluralistischen Demokratie. Das war eines der Probleme im Herbst 1989: Stürzen war eine Sache, Aufbauen eine andere. Der Zusammenbruch der SED-Herrschaft hat uns kalt erwischt. Plötzlich mussten wir Parteien gründen. Wer hatte zu dieser Zeit ein

Konzept und wem traute man zu, den Karren aus dem Dreck zu ziehen?

Unser Wittenberger Kreis hatte erst im Juni 1988 zum Hallenser Kirchentag »Zwanzig Thesen zur gesellschaftlichen Erneuerung« vorgelegt. Die Staatssicherheit betrachtete unsere Thesen als ein erstes konzeptionelles Papier. Sie schätzte das Papier als so gefährlich ein, dass sie es auf dem SED-Plenum im Dezember 1988 zum Gegenstand einer öffentlichen Polemik machte. Dabei ging es nur um 20 Thesen, die dringend zu lösende Probleme benannten. In den Thesen fehlte jedoch etwas, was wir selbst nicht bemerkt hatten: Ein Mitarbeiter des Staatssekretärs für Kirchenfragen kam zu mir und warf mir unter anderem vor: »Das Wort Sozialismus kommt bei Ihnen nicht mehr vor!« Wir hatten uns vom Sozialismus bereits so weit entfernt, dass wir dieses Wort überhaupt nicht mehr benutzten. Und weil wir alle gesellschaftlichen Bereiche angesprochen hatten und die Rahmenbedingungen ändern wollten, stufte die Staatssicherheit unsere Thesen als konterrevolutionäres Konzept ein.

Unser Ziel war, einen grundlegenden gesellschaftlichen Dialog zu eröffnen, um den politischen Umbruch zu erreichen, dessen Voraussetzung eine Dialogkultur sein musste, statt wieder die Frage der Macht in den Mittelpunkt zu stellen. Doch ein ausformuliertes politisches Programm konnten wir nicht vorweisen. So etwas hatte die Repressionspolitik der SED in den vier Jahrzehnten ihrer Herrschaft erfolgreich verhindert.

Ehrhart Neubert
Ich möchte Friedrich Schorlemmer zu den 20.000 oder 30.000 West-IM befragen. Dieses Thema ist aus vielen Gründen in die öffentliche Diskussion gekommen. Ganz sicher ist es ein noch nicht aufgearbeitetes Feld, weil die Materialgrundlage denkbar schlecht ist. Man muss die These nicht teilen, dass die Geschichte der Bundesrepublik Deutschland umgeschrieben werden müsse, aber es fällt natürlich auf, mit welcher Leichtigkeit nicht nur Ostdeutsche, sondern auch Westdeutsche mit der Stasi zusammengearbeitet haben. Das muss geklärt werden und es verlangt auch eine Antwort auf die Frage nach einer eventuellen ideologischen Affinität. Sehr auffällig ist der gewaltige Aufschrei im Westen, wenn Namen genannt werden. Wenn wir Ostdeutschen so geschrien hätten, würden wir heute noch schreien. Im Westen drohen sie sogar: »Wir werden den

erledigen, der das gesagt hat!« Die politische Klasse im Westen muss sich daran gewöhnen, dass wir noch einiges aufdecken müssen. Der Kampf hinter den Kulissen ist sehr hart.

Ich habe versucht, in meinem Vortrag zu zeigen, dass man sich als Opposition nur Widerstand leisten konnte, wenn man etwas an ethischen Orientierungen, an Traditionen, vielleicht auch ein Stückchen politische Rationalität mitbrachte, aber vor allem den Willen und die Fähigkeit zur Verantwortung. Das war der Beitrag der Kirchen. Aber wir dürfen nicht vergessen, dass es auch da Ambivalenzen gab. Der Beitrag der Kirchen war auch in der Einheitsfrage unterschiedlich. So sagte zum Beispiel Bischof Hempel 1985: »Wer jetzt von der Einheit redet, gefährdet den Frieden.« Oder denken Sie an die Debatte in der Kirche über die Menschenrechte. Es gibt diesen Versuch in der DDR, der von der evangelischen Kirche offiziell übernommen worden ist: die Gleichwertigkeit der individuellen Freiheitsrechte und der sozialen Rechte. Die »sozialen Rechte« gab es bislang nicht in der europäischen Tradition, sie sind ein Instrument der Kommunisten gewesen, sozusagen aus der Retorte erzeugt. Die Kommunisten wollten mit diesem »sozialen Menschenrecht« ein Äquivalent zum Westen schaffen, nach dem Motto: Im Westen gibt es vielleicht mehr individuelle Freiheitsrechte, aber bei uns stehen die sozialen im Vordergrund.

Die Desinformationskampagne der SED reichte bis in die Kirche hinein. In dem »wichtigen« Werk »Menschenrechte in christlicher Verantwortung«, das 1980/81 mit staatlicher Lizenz gedruckt worden ist, stehen zwei Autoren, die sind »in Ordnung«, aber die haben auch nichts Besonderes geschrieben. Alle anderen Autoren, die in dem Werk behaupten, dass im Sozialismus die Menschenrechte erfüllt seien, waren zufällig bei der Stasi als Inoffizielle Mitarbeiter registriert. Doch trotz aller Gegenversuche der SED-Führung steuerte die Kirche als einzig verbliebener Sektor unabhängiger Bildung und unabhängigen Denkens einen wesentlichen Beitrag zur Entwicklung der Opposition bei. Dies gilt auch für Polen und andere sozialistische Länder. Die Kommunisten haben es nirgendwo geschafft, die Menschen von ihren kulturellen und geistigen Traditionen zu trennen.

Das Problem, Friedrich Schorlemmer, ist Folgendes: Es ist in der Öffentlichkeit schwer zu vermitteln, dass du jetzt zu denen gehörst, die nachträglich mit den Kommunisten Bündnisse eingehen. Gerade als Kirchenleute haben wir doch Erfahrungen gemacht, die das

Thema eindeutig und endgültig erledigt haben. Deswegen bleiben Fragen zwischen uns offen und wir können sie nicht ignorieren. Es ist keine parteipolitische Angelegenheit, sondern ich fühle mich auch mit vielen Sozialdemokraten einig in der Kritik. Viele Menschen sagen von dir: der typische Protestant – harmonieselig, hält den Konflikt nicht aus und will mit allen Menschen Gemeinschaft herstellen. Niemand bleibt so, wie er ist, und wer sich treu bleibt, verändert sich. Das billigen wir uns alle gegenseitig zu, aber es gibt einen bestimmten Grundkonsens, den wir von dir verlassen sehen.

Ich möchte die Gelegenheit zu einem optimistischen Schlusswort nutzen: Dieser Streit ist natürlich auch wichtig. Wenn wir uns nicht mehr über die Vergangenheit streiten würden, sondern in Revolutionsromantik verfielen, würden wir die Geschichte verfälschen. Wir müssen ehrlich sein und uns die vielen Niederlagen, unsere Halbherzigkeiten, unsere Ängste und unser schwaches politisches Programm eingestehen.

Ich bin froh, dass nicht das erste Programm des Demokratischen Aufbruchs heute Wirklichkeit ist. Wir hätten eine schlimme Diktatur. Wir hatten aber ein Programm und wir gehörten dazu.

In Deutschland gibt es eine gering ausgeprägte Tradition – eine Freiheitstradition. 1848 standen wir vor der Gründung eines Nationalstaates, eines einigen demokratischen Verfassungsstaates. Links schrieben die Marxisten – also Engels und Marx – das kommunistische Manifest und plädierten für eine Diktatur des Proletariats und rechts setzte der preußische König die Verfassung nicht in Kraft. In dieser Spannung haben wir bis 1990 gestanden – 200 Jahre länger als die anderen europäischen Staaten. Zwischen links und rechts wurde die Demokratie des Verfassungsstaates zerrieben. Jetzt haben wir ihn und wir lassen ihn nie wieder los.

Friedrich Schorlemmer
Ich habe genügend DDR erlebt, um heute täglich aufzupassen, dass nicht etwas Vergleichbares von rechts oder links wiederkommt.

Es stimmt nicht, dass ich jetzt wieder mit Kommunisten Kontakt habe. Ich gehe aber davon aus, dass unter den 2,3 Millionen SED-Mitgliedern durchaus einige redliche, wandlungsfähige und befähigte Menschen sind. Wir haben diesen Menschen nach 1989 die Möglichkeit, die Demokratie mitzugestalten, nicht geben wollen. Wir wollten einen radikalen Schnitt. Dafür gab es gute Gründe, aber ich habe sie nicht geteilt. Ich möchte unterscheiden. Ich halte zum Beispiel Lothar Bisky nicht für einen Kommunisten. Wenn ich den Eindruck hätte, dass hinter seinem Denken und Tun jene altbekannte kommunistische Strategie-Taktik-Variante steckt, um uns irgendwie einzukriegen, würde ich keinen Dialog mit ihm suchen. Ich sehe aber in Bisky jemanden, der Meinungen vertritt, die nicht außerhalb des demokratischen Grundkonsenses liegen. Für mich ist er kein Kommunist, so wie ich in der DDR SED-Kommunisten erlebt habe.

Ich kenne andererseits viele Leute, die Kreide gefressen haben. Manche sind schlicht Renegaten. Sie legen heute eine radikal ablehnende Haltung gegenüber dem an den Tag, was sie früher gedacht haben. Diese »Konvertiten-Psychologie« kenne ich aus der Kirche. Solche Zeitgenossen erweisen sich für eine weiterführende Diskussion als untauglich. Ich möchte gern, dass wir nicht generalisieren oder Vorurteile verfestigen. Einen Menschen zu beurteilen, kann sich nicht darauf beschränken, ob er zur SED gehört hat oder nicht. Ich gehe grundsätzlich davon aus, dass Menschen sich wandeln können, und wenn sie sich wandeln und nicht zu denen gehören, die sich Menschenrechtsverletzungen zu Schulden haben kommen lassen, können sie durchaus nach nun zehn Jahren unsere Demokratie gleichberechtigt mitgestalten.

Ich habe den Eindruck, dass wir die PDS nach 1989 so stark haben werden lassen, weil es uns nicht gelungen ist zu differenzieren zwischen denen, die in den demokratischen Konsens passen, und denen, deren Denken nicht in die liberale Demokratie passt. Solch eine faktische Ausgrenzung rächt sich in der zahlenmäßigen Besetzung unserer Parteien, aber auch in der geistigen Potenz, die wir Ostdeutsche ins vereinigte Deutschland einzubringen haben. Ich sage noch einmal: Ich habe für mich keine Sorge, dass ich mich von Kommunisten umarmen oder umgarnen lasse. Einen Kontakt zur SED hatte ich früher nicht, außer, dass die SED durch ihre Organe einen zu mir hatte.

Rainer Eckert
Ich danke dem Podium und dem Auditorium für die engagierte und auch sehr persönliche Diskussion. Das diskutierte Thema wird uns noch lange beschäftigen und es bleibt zu wünschen, dass auch persönliche Vorwürfe im Dialog gehört werden können. Grundsätzlich sollten wir dabei nicht aus den Augen verlieren, dass es in beiden deutschen Diktaturen Widerstand und Opposition gab und dass dies ein wertvolles Gut für die Demokratie der Bundesrepublik ist.

Richard Schröder

Zehn Jahre deutsche Einheit

Wir haben Glück gehabt!

Der Physiker und Schriftsteller Georg Christoph Lichtenberg hat vor 200 Jahren gesagt, in Deutschland lerne man das Naserümpfen noch vor dem Naseschneuzen. Daran hat sich offenbar nichts geändert. Geht es um die deutsche Einheit, lautet die erste Frage zumeist: Was ist falsch gelaufen? Denn wir sind alle aufgeklärt und kritisch. Wir sind jedoch auf eine unkritische Weise kritisch, denn wer bei uns kritisch ist, darf sich über nichts freuen, darf nichts gut heißen. Außerdem sind wir adrenalinsüchtig. Wir brauchen unsere tägliche Katastrophenmeldung in Sachen deutsche Einheit. Immer wieder kommen erschreckende Ost-West-Unterschiede zu Tage: Noch immer stehen die Ostdeutschen eine Stunde eher auf als die Westdeutschen. Sie sagen Plaste und Broiler statt Plastik und Brathähnchen. Wie schrecklich! Neuerdings aber sagen sie schon öfter Team statt Kollektiv. Sie fügen sich dem westlichen Anpassungsdruck – auch schrecklich.

Natürlich gibt es Einigungsprobleme. Nur ein Weltfremder konnte anderes erwarten. Die Politiker müssen die Probleme thematisieren, sonst können sie nicht gelöst werden. Wenn wir aber auf zehn Jahre deutsche Einheit zurückblicken, sollten wir einmal die Perspektive der Verteilungskämpfe verlassen und eine Bilanz versuchen. Und da sage ich: Wir haben großes Glück gehabt.

1953 DDR, 1956 Ungarn, 1961 DDR, 1968 Tschechoslowakei – das saß uns Älteren in den Knochen. Wenn ein sozialistischer Staat aufmuckt, schlägt die Sowjetunion zu. Es sei denn, in der Sowjetunion käme ein Dubček an die Macht – eine schwache, fast illusionäre Hoffnung. Aber in den achtziger Jahren wuchs eine neue Generation heran, der die lähmende Angst aufgrund stalinistischer Erfahrungen nicht mehr in den Knochen saß. Eine kleine, aber aktive Minderheit bildete Gruppen, die sich der Themen Menschenrechte, Frieden, Umwelt und dritte Welt annahmen. Dies geschah meist unter dem Dach der evangelischen Kirche.

Die Ostpolitik der Bundesregierungen seit Willy Brandt förderte die Kommunikation zwischen Ost und West. Westkorrespondenten berichteten aus der DDR auch für die DDR. Der Osten wurde abends am Fernseher Zaungast des Westens. Die Solidarność in Polen führte vor, wie sich eine Opposition in einem sozialistischen Staat formieren konnte, und erfand den Runden Tisch. Dann kam Gorbatschow an die Macht. Als sich das vergreiste Politbüro der SED dem Kurs von Glasnost und Perestroika öffentlich verweigerte und sogar die sowjetische Zeitschrift Sputnik verbot, wuchs die Unzufriedenheit selbst innerhalb der SED. Die Zahl der Ausreisewilligen, die von der DDR nichts mehr erwarteten, stieg enorm an. Das Anwachsen der Unzufriedenheit ist durch eine damals geheime DDR-interne Befragung dokumentiert: Zwischen 1978 und 1989 halbierte sich die Zahl der Anhänger der DDR von 26 Prozent auf 12 Prozent, die Zahl der Gegner verdoppelte sich von 22 Prozent auf 44 Prozent. Das war so vor zwanzig Jahren nicht zu erwarten gewesen, bildete aber die Grundlage dafür, dass es 1989 in der DDR zur ersten erfolgreichen Revolution in der deutschen Geschichte kam.

Wir haben Glück gehabt, dass diese Revolution friedlich blieb. Gleichwohl ist der Ausdruck »Wende« zu harmlos. Es war eine Revolution, wenn wir unter einer Revolution die Beseitigung nicht nur der bisherigen Machthaber, sondern auch ihrer Legitimation verstehen. Dass diese Revolution gewaltlos verlief, war nicht selbstverständlich. Teile der Sicherheitsorgane hatten sich bis zur Volkskammerwahl die Gewaltoption noch offengehalten. Eine einzige größere Schießerei hätte genügen können, um die Sowjetunion umzustimmen und diejenigen Kräfte an die Macht zu bringen, die den Kurs Gorbatschows ablehnten, weil sie das sowjetische Imperium erhalten wollten.

Wir haben aber auch deshalb Glück gehabt, weil Freiheit und Einheit sich diesmal gereimt haben. Es wird so schnell vergessen, dass diejenigen Menschen in der DDR, die nicht linientreu waren, nie ganz die Besorgnis verlieren konnten, einmal als »Staatsfeind« belangt zu werden. Ich war bis 1990 Dozent an zwei kirchlichen Hochschulen; eine davon war das Katechetische Oberseminar Naumburg. Die Stasi hatte bekanntlich für den Ernstfall Internierungslager vorbereitet und dafür bereits Listen mit den vorgesehenen

Insassen aufgestellt. Das gesamte Kollegium des Katechetischen Oberseminars, soweit es im Bezirk Halle wohnte, war für die Internierung in Seeburg vorgesehen. So etwas vergisst man nicht so schnell. DDR-Nostalgiker werden das nicht gern hören, aber für mich war die deutsche Einheit auch deshalb höchst wünschenswert, weil sie uns vor weiteren sozialistischen Experimenten und dritten Wegen, auf deren guten Ausgang ich nicht vertrauen konnte, bewahrt hat. Die deutsche Einheit hat die kommunistischen Scharfmacher zu einer verschwindenden Minderheit gemacht.

Wir Ostdeutschen haben auch in ökonomischer Hinsicht Glück gehabt. Die DDR war wirtschaftlich völlig am Ende. Das wollen heute viele nicht wahrhaben. Es gibt aber dafür zwei unverdächtige Zeugen: die DDR-Witze und das Geheimgutachten, das der DDR-Planungschef Gerhard Schürer und andere am 31. Oktober 1989 für Egon Krenz angefertigt haben. In dem Gutachten heißt es, die DDR habe nicht einmal die sozialpolitischen Maßnahmen der SED aus eigenen Mitteln bezahlt, sondern in erheblichem Maße Kredite für Konsumzwecke eingesetzt und notwendige Investitionen in die Wirtschaft und die Infrastruktur über Jahre hin unterlassen. Die Inlandsverschuldung betrage 127 Milliarden Mark und die Auslandsverschuldung 49 Milliarden DM. Ohne weitere westliche Kredite müsse die DDR den Lebensstandard um 30 Prozent senken und das sei politisch nicht durchzuhalten. Die DDR war also in ökonomischer Hinsicht ein leckgeschlagenes Staatsschiff, das gerade noch vor dem Sinken in den Hafen gebracht werden konnte.

Manche wollen das heute nicht wahr haben, weil das Wasser nur unter Deck stand und sie über Deck noch keine nassen Füße hatten.

Auch als Deutsche haben wir Glück gehabt. Mit dem 3. Oktober 1990 ging nicht nur die Zeit der deutschen Teilung zu Ende, sondern auch die Nachkriegszeit. Der Zwei+Vier-Vertrag ist zugleich der Vertrag, der die Kriegsfolgen endgültig und einvernehmlich geregelt hat. Die Westdeutschen haben das nicht so deutlich gespürt wie die Ostdeutschen: Bis zum Zwei+Vier-Vertrag standen beide deutsche Staaten unter dem Kuratel der Siegermächte. Die Deutschen haben eine zweite Chance für einen demokratischen Staat bekommen, der nun auch den Anspruch des Namens »Bundesrepublik Deutschland« erfüllt. Erstmals in seiner Geschichte existiert Deutschland in allseits anerkannten Grenzen und unterhält gute und vertraglich geregelte Beziehungen zu allen Nachbarn.

Wir haben Glück gehabt, aber nicht nur dies. Im Herbst 1989 haben wir Ostdeutschen uns einen Ruck gegeben und Zivilcourage mit Augenmaß bewiesen, obwohl der Preis dafür anfangs unbekannt war. Wir haben 1990 Regelungen für die deutsche Einheit gefunden, obwohl viele behauptet hatten, zwei so verschiedene »Gesellschaftsordnungen« ließen sich nicht vereinigen. Die Arbeit am Einigungsvertrag war eine Kraftanstrengung auch der Ministerialbürokratien, die Insider für ein kleines Wunder halten.

Maßstäbe für die deutsche Einheit

Wir haben Glück gehabt, aber offensichtlich sind viele namentlich im Osten so glücklich nicht. Woran liegt das? Ich behaupte, es liegt vor allem an den Maßstäben. Wir haben ein deutsch-deutsches Koordinatendebakel. Die einen messen in Zentimetern, die anderen in Zoll und dann streiten sich beide Seiten über die Messergebnisse.

Nach internationalen Maßstäben sind die deutschen Vereinigungsprobleme winzig. Nach dem Zerfall des sowjetischen Imperiums haben Tschechen und Slowaken und die Völker der Sowjetunion die neue Freiheit dafür genutzt, sich friedlich zu trennen. In Jugoslawien brach ein barbarischer Bürgerkrieg aus. Die Deutschen haben sich in Freiheit vereinigt. Es gibt in Schottland, im Baskenland und in Korsika seit Jahrzehnten separatistische Tendenzen, aber überhaupt keine in Deutschland. Wir sind durch die Vereinigung kein internationaler Problemfall geworden. Wir streiten uns bloß, aber keine Seite will ausziehen. Wer eine Anschauung davon haben will, wie schwierig Wiedervereinigung sein kann, der schaue sich die beiden Koreas genauer an. Es steht mit der deutschen Einigung besser als mit der italienischen, hat kürzlich ein Italiener behauptet. Und mit der belgischen steht es auch nicht besonders gut.

Deutschland ist schon immer ein plurales Land mit einem deutlichen Nord-Süd-Gefälle gewesen. Bis in dieses Jahrhundert hinein war es geprägt durch den konfessionellen Gegensatz, der heute keine konfrontierende Rolle mehr spielt. Aber Bayern und Ostfriesen, das bleiben doch noch zwei Welten. Doch diese Unterschiede überraschen und ärgern niemanden mehr.

Wodurch unterscheidet sich der Ost-West-Unterschied von diesem Nord-Süd-Unterschied? Die Ost-West-Unterschiede sind nicht unbedingt größer, aber ungewohnt und deshalb stören sie. Zudem sind sie asymmetrisch: Der Osten hat im Prozess der deutschen Einigung gewaltige Umstellungsleistungen in allen Lebensbereichen erbracht. Das kann sich so kein Westdeutscher vorstellen. Für die Westdeutschen dagegen hat sich durch die deutsche Einigung der Alltag kaum geändert. Sie konnten das Ereignis im Fernsehen verfolgen. Die ehemaligen DDR-Bürger waren plötzlich gelernte DDR-Bürger ohne DDR. Die Verhältnisse, auf die sie trainiert waren, waren weg und auf die neuen Verhältnisse waren sie nicht trainiert. Das Improvisationstalent, die Künste in der Überlistung des Mangels brauchten sie nicht mehr. Die Westdeutschen dagegen bewegten sich in den neuen Verhältnissen wie der Fisch im Wasser.

Man hört oft die Klage, dieser ganze Prozess sei viel zu schnell gegangen. 1990 stellten mir westliche Journalisten die besorgte Frage, ob das Tempo der deutschen Einigung nicht die Menschen überfordere. Darauf habe ich etwas schnodderig geantwortet: »Eine Revolution überfordert immer die Menschen.« Nachdem ich das übliche westliche Reformtempo nun kennengelernt habe, bin ich der Meinung, dass wir mit diesem Schneckentempo heute noch nicht vereinigt wären. Lothar de Maizière sagt oft, es sei sein Alptraum gewesen, dass wir die deutsche Einheit nach dem Zerfall der Sowjetunion zu verhandeln gehabt hätten. Dann hätte es Zwei+Fünfzehn- statt Zwei+Vier-Verhandlungen gegeben.

Die schnelle Einigung hatte sicherlich einen hohen Preis – vor allem auf der mentalen Ebene –, aber eine langsamere Einigung hätte, wenn sie überhaupt zustande gekommen wäre, in jeder Hinsicht höhere Kosten erzeugt. Wir haben lernen müssen, dass vielen der Abschied auch von einer schäbigen Normalität schwer fällt.

Der Osten ist zudem mit den zermürbenden Problemen der »posttotalitären Situation« konfrontiert. In dieser Situation ist Gelassenheit ein knappes Gut. Nach dem Ende einer Diktatur stehen sich die ehemals Mächtigen und die ehemals Ohnmächtigen plötzlich gegenüber und dazwischen diejenigen, die sich ein bisschen der einen und ein bisschen der anderen Seite zurechnen lassen müssen. Meist wird übersehen, dass sich das DDR-Bild der ehemaligen DDR-Bewohner seit 1989 fundamental gewandelt hat. Ende 1989 herrschte eine Zeit lang Unsicherheit, ob man der Stasi oder die Stasi sagen sollte. Zu DDR-Zeiten war die Allgegenwart der Stasi zwar jedem wohl bewusst, aber man sprach nur flüsternd von ihr. Für die einen war sie die Verunsicherung schlechthin, für die anderen Schild und Schutz der Partei.

Die Ost-Ost-Gegensätze sind härter und schärfer als übliche West-West-Gegensätze. Das wird dadurch leicht verdeckt, dass Westdeutsche in der verbalen Auseinandersetzung viel schneller zu schweren Geschützen greifen. Sie sind stärker extrovertiert. Aber am Ende verständigen sie sich irgendwie wieder. Ostdeutsche führen seltener rhetorische Attacken, aber die Verletzungen sitzen bei ihnen tiefer. Sie melden sich seltener zu Wort und schlucken mehr, aber irgendwann bricht bei ihnen der gesammelte Unmut doch hervor. Die westlichen Partner sind dann überrascht: »Wir dachten doch, die sind einverstanden.«

Oft wird gefragt, warum so wenige der Oppositionellen des Herbstes 1989 noch heute politisch aktiv sind. Das hat einmal seinen Grund darin, dass in der DDR – anders als in Polen und in der ehemaligen Tschechoslowakei – die Oppositionellen nur einen geringen Rückhalt in der Bevölkerung hatten. Zum anderen hat es mit dem Wechsel zur »posttotalitären Situation« zu tun. Wer in der DDR seine oppositionelle Haltung zu erkennen gab, verweigerte um der Wahrhaftigkeit willen die üblichen Kompromisse mit dem Regime. Das verdient Respekt. Nicht wenige Ostdeutsche verweigern bis heute diesen Respekt aus einem einfachen Grund: aus schlechtem Gewissen.

In der Demokratie aber wird von den Politikern vor allem Kompromissfähigkeit verlangt. Es gibt Bekenntnisfragen, bei denen sich ein Kompromiss verbietet, da es bei ihnen um die Identität und die Werte des Individuums geht. Daneben gibt es die Ermessensfragen, bei denen das Für und Wider abgewogen werden muss und über die wir mehr oder weniger nachgiebig verhandeln. In der Diktatur sind für einen Oppositionellen viele Fragen Bekenntnisfragen. In der Demokratie sind solche Fragen eher selten. Wer nun alle Fragen als Bekenntnisfragen versteht, muss politisch scheitern. Das haben manche Oppositionelle erlebt. Auf der anderen Seite gilt: Wer nur Ermessensfragen kennt, handelt prinzipienlos nach dem Motto: Alles ist möglich. Übrigens: Von den Abgeordneten der 1990 frei gewählten Volkskammer sind beachtlich viele noch politisch aktiv, zumeist in den neuen Bundesländern.

Es zeugt von wenig Einfühlungsvermögen, wenn manche Westdeutsche den Ostdeutschen Trost spenden wollen mit dem Bekenntnis: »Wenn ich in der DDR gelebt hätte, wäre ich auch in die SED eingetreten«. Oder sie gehen verständnisinnig noch einen Schritt weiter: »Dann wäre ich vielleicht auch Stasi-Mitarbeiter geworden.«

Da geht das Mitleid mit den Verstrickten über in eine Verachtung derjenigen, die sich nicht verstrickt haben. Um keine Missverständnisse aufkommen zu lassen: Ich bin für einen großzügigen Umgang mit den kleineren und mittleren Stasi-Verwicklungen. Aber wer heute immer noch lügt und sich verstellt, der ist eben heute jemand, der lügt und sich verstellt, also für Vertrauenspositionen nicht geeignet. Gegen allzu weitherzige postmoderne Beliebigkeit hat das der Bundesgerichtshof soeben noch einmal klargestellt. Es macht die Sache nicht unbedingt einfacher, dass wir diese »Vergangenheitsbewältigung« vor Zuschauern leisten müssen. Denn dadurch gerät sie in den innerdeutschen Kampf um Anerkennung.

Eine Bemerkung zum Thema Amnestie: Es sind bei der juristischen Aufarbeitung der Regierungskriminalität 28 Gefängnisstrafen ohne Bewährung ausgesprochen worden, die meisten im Zusammenhang mit den Mauertoten. Das Gericht hat die Schützen freigesprochen, wenn es ihnen die Tötungsabsicht nicht nachweisen konnte. Die anderen erhielten Bewährungsstrafen – bis auf diejenigen Schützen, die Festgenommene erschossen haben. Eine Amnestie würde zwar 28 Zufriedene erzeugen, aber zehntausende Unzufriedene, die als Stasi-Mitarbeiter ihren Arbeitsplatz im öffentlichen Dienst verloren haben und von einer Amnestie keinen Vorteil hätten.

Die Westdeutschen beurteilen die Ostdeutschen nach ihren Maßstäben – als wenn es wünschenswert wäre, dass die Ostdeutschen zu Kopien der Westdeutschen werden. Die deutsche Vereinigung hat sich aber über die Grenze der Blöcke hinweg vollzogen. Die postsozialistische Entwicklung in Ostdeutschland sollte nicht mit der westdeutschen Normalität, sondern mit der Entwicklung in den anderen ehemals sozialistischen Staaten verglichen werden. Diesen Vergleich anzustellen, ist für Westdeutsche allerdings sehr schwer, denn Polen, Tschechien oder Ungarn kennen sie noch weniger als Ostdeutschland. Die Mauer war auch für sie eine Sichtblende. Die Westdeutschen sind in Frankreich mehr zu Hause als in Polen und empfinden das nicht einmal als einen Mangel, obwohl beide Länder jetzt unmittelbare Nachbarn sind. Auch das ist übrigens eine interessante Asymmetrie: Die Ostdeutschen waren über Jahrzehnte durchs Fernsehen Zaungäste des Westens. Sie haben sich mehr für den Westen interessiert als die Westdeutschen für den Osten.

Aber auch die Ostdeutschen vergleichen ihre Lage nicht mit der ihrer östlichen Nachbarn – vielleicht, weil sie wissen, dass aus solchen Vergleichen nicht viel Grund zur Unzufriedenheit abzuleiten ist. Denn für die anderen ehemals sozialistischen Länder war der Ausstieg aus der Planwirtschaft härter als für die Ostdeutschen. Sie haben ihre Staatsschulden durch Inflation abgebaut, was den Verlust der Sparguthaben und harte Zeiten für die Rentner bedeutete. Und sie haben die Privatisierung noch nicht abgeschlossen. Gleichwohl ist in Polen die Stimmung der Bevölkerung besser als in den neuen Bundesländern, denn die Polen vergleichen ihre jetzige Lage mit ihrer früheren Lage. Sie sehen den Gewinn der Freiheit deutlicher. In Tschechien allerdings ist die Stimmung derzeit dabei umzukippen. Die kommunistische Partei hat dort die höchsten Zustimmungswerte in den Umfragen. Was Demokratisierung und Elitenwechsel betrifft, schneidet Ostdeutschland in diesem Vergleich recht gut ab.

Die Ostdeutschen vergleichen sich mit den Westdeutschen und sehen zuerst die Defizite: Die Arbeitslosigkeit ist bei ihnen doppelt so hoch (gemessen an der Nachfrage, nicht an der Erwerbstätigenquote), die Einkommen und das private Vermögen sind niedriger und in den Betrieben und Behörden sitzt ganz oben zumeist ein Westdeutscher.

Diese Unterschiede sollen nicht »wegerklärt« oder verniedlicht werden. Dass die Einkommen im Osten etwa 15 Prozent niedriger sind als im Westen – die Arbeitsproduktivität aber zum Teil auch noch –, sollte in der öffentlichen Diskussion nicht vergessen werden. Die Ostdeutschen zahlen sozusagen 15 Prozent Solidarbeitrag zusätzlich. Die innerdeutsche Solidarität ist daher auch in Zukunft gefordert – im Länderfinanzausgleich, bei der Finanzierung der Kommunen und beim weiteren Ausbau der Infrastruktur.

Von 1945 bis zum Mauerbau flüchteten etwa drei Millionen Menschen von Ost nach West – teils um politischer Verfolgung zu entgehen, teils aufgrund von Enteignung oder weil das berufliche Fortkommen aus politischen Gründen blockiert war. Andere suchten einfach bessere Lebensbedingungen. Die Flüchtlinge nahmen ihre DDR-Erfahrungen mit in den Westen und das waren zumeist traumatische Erfahrungen aus der Stalin-Ulbricht-Zeit. Nach dem Bau der Mauer, unter Honecker, milderte sich das Diktatorische in der DDR sukzessive. Das Hören von Feindsendern wurde erlaubt und nach und nach wurden für einen immer größeren Kreis Westreisen möglich. Wer wegen Republikflucht oder aus politischen Gründen ins Gefängnis kam, hatte die reelle Chance, vom Westen freigekauft zu werden. Wir hatten, wie Manfred Stolpe das gegenüber westlichen

Politikern zu bezeichnen pflegte, eine Diktatur mit Samthandschuhen, die allerdings manchmal die Handschuhe auszog und die Folterwerkzeuge zeigte – und auch anwandte. Ungeachtet der Tatsache, dass unter Honecker das Stasi-Spitzel-System enorm ausgebaut wurde, trat ein Prozess der Gewöhnung ein. Das ist der große Unterschied zwischen zwölf Jahren Diktatur und 12 plus 40 Jahren Diktatur. 1945 gab es noch gelernte Demokraten aus der Weimarer Zeit, 1989 gab es die nicht mehr.

Die Flüchtlinge von einst haben ein anderes DDR-Bild als die meisten derjenigen, die geblieben sind. Die Dagebliebenen halten dieses Bild für übertrieben, fühlen sich provoziert und diskreditiert. Sie reagieren mit Identitätstrotz. Es entsteht die DDR-Identität post festum.

Umfragen belegen regelmäßig, dass die kritische Distanz der ehemaligen DDR-Bewohner zur SED-Herrschaft abnimmt. Viele sind der Meinung, dass die DDR gar nicht so schlecht war. Das sagen auch solche, die zu DDR-Zeiten ein ausgesprochen kritisches Verhältnis zum System hatten. Wie erklärt sich das? Zwischen Ost und West wird ein Kampf um Anerkennung ausgetragen. Die Ostdeutschen bekommen häufig zu hören, dass ihre Wirtschaft nichts getaugt habe, sie nicht einmal ein ordentliches Auto zu Stande gebracht hätten und alle irgendwie doch Stützen des Systems gewesen seien. Sie nehmen diese Kritik persönlich und berufen sich verstärkt auf die positiven Seiten der DDR. Diese DDR-Identität post festum ist eine Trotzreaktion im innerdeutschen Anerkennungskampf: »Wir lassen uns die DDR nicht schlechter reden, als sie war«, ist die Meinung der Ostdeutschen und sie beziehen sich dabei auf ihre Erfahrungen. Da es aber offenbar schwer ist, diese im Einzelnen zu erzählen, flüchten sich viele in eine pauschalisierende Antwort: »Wer nicht in der DDR gelebt hat, kann sie auch nicht beurteilen.« Im Übrigen ist die »Gnade der westlichen Geburt« überhaupt kein Verdienst.

Wenn wir uns diese Koordinatenverwirrungen bewusst machen, verlieren viele Ost-West-Konfrontationen ihre Brisanz. Ich weiß, dass gute Nachrichten als langweilig gelten, aber ich kann es nicht anders sehen: Das Ost-West-Verhältnis ist nicht explosiv. Wir sollten uns nicht allzu sehr auf die Ost-West-Probleme konzentrieren. Auf der innerdeutschen Agenda obenan stehen längst gesamtdeutsche Probleme, die im Osten bloß pointierter in Erscheinung treten. Die Kinder, die 1999 in die Schule kamen, sind in den Jahren 1992/93 geboren. Die Abiturienten von 1999 waren 1989 zehn Jahre alt. Wann ist die deutsche Einheit eigentlich vollendet? Sie wird vollendet sein, wenn wir mit den Ost-West-Unterschieden so gelassen umgehen können wie mit den Nord-Süd-Unterschieden und wenn wir uns so aneinander gewöhnt haben, dass wir wenigstens in Umrissen eine gemeinsame Geschichte erzählen können, auch von den zurückliegenden 50 Jahren. Das wird dauern, aber wir müssen es als Aufgabe sehen und damit anfangen.

Was ist schlecht gelaufen im deutschen Einigungsprozess?

Ich glaube nicht, dass es in den Grundsatzentscheidungen einfachere und bessere Alternativen gegeben hat. Aber es war ein Fehler, dass 1989/90 nicht wirksam zu einer großen gemeinsamen Anstrengung aufgerufen wurde. Lothar de Maizière und Wolfgang Schäuble haben gesagt, dass die Teilung durch Teilen überwunden werden müsse. Der Kanzler hat den Eindruck erweckt, das Ganze gehe schnell – das hat viele Ostdeutsche enttäuscht – und koste nicht viel – das hat viele Westdeutsche enttäuscht.

1990 saß im Westen die außenpolitische, juristische und ökonomische Fachkenntnis für die schwierigen Prozesse, welche die deutsche Einigung mit sich brachte. Aber es fehlten die Feldkenntnis und Konzepte. Vieles hätte sich passgenauer regeln lassen, wenn der Austausch von Fachkenntnis und Feldkenntnis zwischen Ost und West besser gewesen wäre.

Zu einer der großen »Einigungsenttäuschungen« wurde auf östlicher Seite die Eigentumsfrage. Die endgültige Regelung ist zwar für die Ostdeutschen nicht ungünstig und die Rechtsprechung im Ganzen eher ostfreundlich, aber die Regelungen kamen erst 1994 zu Stande und sind sehr kompliziert ausgefallen. Das Auftreten einzelner Alteigentümer, die an der Rechtslage vorbei die Besitznahme versuchten, hat den anfänglich großen Vertrauensvorschuss, der den Westdeutschen entgegengebracht wurde, erheblich gemindert. Wäre eine Lösung denkbar gewesen, die Empörung vermieden hätte? Ich halte das für ausgeschlossen. Unter den Alteigentümern befanden sich sowohl viele Flüchtlinge und ausgewiesene DDR-Bewohner als auch Enteignete, die bis zum Ende in der DDR lebten. Es ist deshalb nicht ganz korrekt, wenn der Streit um die Eigentumsfrage als Ost-West-Konflikt dargestellt wird.

Die besonders brisanten Fälle drehten sich um die Grundstücke, bei denen Westdeutsche noch im Grundbuch standen, die Mieter sich aber als Eigentümer fühlten und meist auch erheblich investiert hatten. »Grundsätzlich keine Rückgabe« hätte geheißen, dass die frei gewählte Volkskammer enteignet, was die SED nicht enteignet hat. Es ist wahr, dass unter den Ostdeutschen Eigentum an Grund und Boden weniger verbreitet ist als unter den Westdeutschen und dass durch die Abschreibungsmöglichkeiten viele Westdeutsche zusätzlich Eigentümer von Neubauten im Osten geworden sind. Ohne diese Abschreibungsmöglichkeiten hätte allerdings nur halb so viel Kapital für diese Neubauten zur Verfügung gestanden.

Die Westdeutschen verfügen in der Regel über ein Äquivalent ihrer Lebensarbeitsleistung. Nicht so die Ostdeutschen, die zu DDR-Zeiten ein viel niedrigeres Einkommen hatten und deren Guthaben 1990 in Folge der Währungsunion halbiert wurden. 1990 entsprach die Gesamtsumme der Sparguthaben der DDR-Bevölkerung der jährlichen Zuwachsrate der westdeutschen Sparer.

Noch immer verbindet sich mit dem Namen der Treuhand eine der großen Einigungsenttäuschungen. Dabei wird aber zumeist ungerechterweise die SED-Hinterlassenschaft der Privatisierungspolitik der Treuhand angelastet – als hätte die Treuhand einen großen Wert sinnlos verschleudert. Die Privatisierung war gleichsam der Offenbarungseid für die meisten DDR-Betriebe, nicht die Ursache für deren jämmerlichen Zustand. Die Revisionsabteilung der Treuhand deckte etliche Gaunereien auf, die im Zuge der Privatisierung begangen worden waren, aber es waren nicht mehr, als bei einem Prozess dieses Ausmaßes zu erwarten war.

1990 behaupteten westliche Stimmen, die westliche Wirtschaft sei nicht ausgelastet, sie könne spielend die Versorgung des Ostens übernehmen. Die Analyse war richtig, die Folgen aber wären furchtbar gewesen. Deutschland wäre wirtschaftlich auf unabsehbare Zeit geteilt gewesen, in einen produzierenden Westen und einen bloß konsumierenden Osten.

Die Treuhandpolitik ermöglichte – wenn auch mit gewaltigen Reduzierungen und erheblichem finanziellen Aufwand – den Erhalt industrieller Kerne. Das war eine richtige politische Entscheidung, weil sie damit dem Osten die Möglichkeit für einen selbstgetragenen wirtschaftlichen Aufschwung offen gehalten hat. Die verbliebenen ostdeutschen Betriebe sind oft moderner als manche westdeutschen. Wenn in den östlichen Nachbarländern der wirtschaftliche Aufschwung an Tempo gewinnt, könnten sie einen Standortvorteil gewinnen.

Im Gefolge der Privatisierung sind etwa 80 Prozent des Produktivvermögens in westliche oder ausländische Hände gelangt. Es sind jedoch etwa 80 Prozent der wirtschaftlichen Einheiten in östliche Hände gelangt, nämlich diejenigen, die sich Ostdeutsche leisten konnten: Apotheken, Gasthäuser, Einzelhandelsgeschäfte oder Kleinbetriebe. Bei den Osteuropäern wird die Treuhand durchaus als Erfolgsstory betrachtet.

Eine Gruppe, die durch die Einigung unverschuldet ins Hintertreffen geraten ist, sind die positiv evaluierten Wissenschaftler der Akademien der DDR und der Industrieforschung. Für Erstere hatte die Regierung die Integration in die Hochschulen vorgesehen. Da aber zugleich die Etats für die Hochschulen gekürzt wurden, fehlte dafür das Geld. Das ist ein Versagen der Politik.

Außerdem gibt es die Enttäuschten, denen nicht zu helfen ist. Das sind einmal diejenigen, die mit dem Ende der SED-Herrschaft ihre Machtposition verlieren mussten. Sie sind übrigens zu einem beachtlichen Teil weich gefallen, was ich nicht kritisiere. In den Berliner Bezirken mit dem höchsten Anteil an PDS-Wählern ist das Durchschnittseinkommen höher als in den Westberliner Bezirken Kreuzberg oder Wedding.

Enttäuscht sind auch die Oppositionellen, die 1989/90 für eine weiterhin selbstständige, neutrale und entmilitarisierte DDR gekämpft hatten und für eine völlig neue, der westlichen weit überlegene Form von Demokratie. Wir hatten jedoch schon genug zu tun, wenn wir in Sachen Demokratie den westeuropäischen Standard erreichen wollten. Mich erinnert diese Zielsetzung – eine DDR, die eine Alternative zur kapitalistischen Bundesrepublik darstellt – zu sehr an einen Spruch, den wir alle ablehnen: Am deutschen Wesen soll die Welt genesen. Jeder Sonderweg hätte nicht nur den Weg zur deutschen Einheit verbarrikadiert – das war ja gewollt –, sondern auch den nach Europa.

Einige Mahnungen

Zuerst einige Mahnungen in Richtung Osten: Viele Ostdeutsche fühlen sich den Westdeutschen moralisch überlegen. Wahrscheinlich ist das die Kompensation eines Unterlegenheitsgefühls: Wir hatten zwar nicht die besseren Autos, aber wir sind die besseren Menschen. Das ist erstens ungerecht, denn Tugend und Laster dürften in Ost und West ungefähr gleich verteilt sein – wenn es auch verschiedene Tugenden und Laster sind. Zweitens ist dieses Überlegenheitsgefühl in seiner Konsequenz unmoralisch. Es wirkt ausschließend. Eine Weimarer Psychotherapeutin erzählte mir, dass neuerdings öfter Westdeutsche zu ihr kämen, die daran litten, in ihrem östlichen Umfeld geschnitten zu werden, besonders penetrant in Lehrerzimmern. Die Wanderungsbilanz Ost-West und West-Ost ist inzwischen fast ausgeglichen. Mir ist nicht bekannt, dass Ostdeutsche, die im Westen leben, vergleichbar häufig über Ausgrenzung klagen.

Ich warne vor der Verharmlosung der Diktatur:»Das war doch alles gar nicht so schlimm. Ich bin nie ins Gefängnis gekommen und mit der Stasi hatte ich auch nie zu tun.« Das sind sehr kurzsichtige Äußerungen. Wir kannten alle genügend Fälle von Diskriminierung aus politischen und weltanschaulichen Gründen. Wir hatten alle die Vorsicht bei öffentlichen Äußerungen tief verinnerlicht. Mit der Verharmlosung der Diktatur verachten wir den Freiheitsgewinn.

Im Osten trifft man immer noch auf ein sehr schwammiges Demokratieverständnis. Viele erwarten auch heute von Vater Staat, dass er im Handumdrehen alle Probleme lösen könnte, wenn er nur wollte. Dieser Glaube an die Allmacht der Politik geht einher mit dem Nichtverstehen des Prinzips der Gewaltenteilung, das besagt, dass niemand für alles zuständig ist. Durch die Gewaltenteilung wird Politik umständlicher, die Macht wird aber kontrolliert, woran es in der DDR gefehlt hat. Besonders fällt ins Gewicht, dass dieses unklare Demokratieverständnis auch bei denen anzutreffen ist, denen von Amts wegen eine gewisse Meinungsführerschaft zukommt: bei Politikern, Journalisten oder Lehrern. Es ist aber falsch daraus zu folgern, der Osten sei mehrheitlich demokratiefeindlich eingestellt oder es könne gar vom Osten her eine Gefährdung der Demokratie drohen. Denn diejenigen, die in Umfragen erklären, sie seien mit »der Demokratie« nicht zufrieden und hielten sie nicht für verteidigungswürdig, meinen damit die Gesamtheit der politischen, wirtschaftlichen und gesellschaftlichen Verhältnisse. Sie gebrauchen das Wort Demokratie wie zu DDR-Zeiten die Wörter Kapitalismus und Sozialismus – als holistische Systemnamen. Fragt man dieselben Menschen, welchen politischen Institutionen sie das größte Vertrauen entgegenbringen, nennen sie – wie die meisten Westdeutschen – an erster Stelle den Bundespräsidenten und das Verfassungsgericht.

Die erste Mahnung in Richtung Westen lautet: Hört auf, den Herbst 1989 klein zu reden. Das läuft am Ende auch auf eine Verharmlosung der Diktatur hinaus. Viele bezeichnen die Revolution nur als Zusammenbruch. Der Ausdruck »Wende« hat sich eingebürgert. Spielt da etwa Neid eine Rolle, der den Ostdeutschen die Zivilcourage nicht gönnt, die unter Beweis zu stellen Westdeutsche in ihrem Leben nie Gelegenheit hatten? Denn der Protest gegen Castor-Transporte ist natürlich nicht im Entferntesten mit der Teilnahme an den Demonstrationen vor der Maueröffnung zu vergleichen. Es hätte geschossen werden können. Die Demonstranten hätten interniert werden können. 340 Mitglieder der Betriebskampfgruppen, die zum Einsatz gegen die Leipziger Montagsdemonstration am 9. Oktober abkommandiert wurden, haben den Befehl verweigert. Auch so etwas ist in der deutschen Geschichte nicht allzu häufig.

Die Westdeutschen sollten den Osten nicht exotischer machen, als er ist. In Frankfurt/Oder herrscht derzeit helle Aufregung über eine Sendung des ZDF-Magazins Frontal, das in einem Beitrag die Stadt Frankfurt/Oder als Beispiel für die stehengebliebene Ex-DDR dargestellt hat. Zu Beginn singt der Volks-Chor die Nationalhymne der DDR. Dazu erklären die Volks-Chor-Mitglieder, dass sie die Nationalhymne ursprünglich vor der Kamera nicht singen wollten, aber die Mitarbeiter von Frontal hätten sie mit Hinweis auf die Zeile »Deutschland einig Vaterland« darum eindringlichst gebeten. Die Frankfurter sind nicht etwa stolz darauf, dass von ihnen gesagt wird, sie hielten an der DDR fest, sondern sie sind gekränkt. Sie wollen gewürdigt sehen, dass sie vieles zum Besseren verändert haben, und wehren sich dagegen, als DDR-verhaftet deklassiert zu werden.»Frontal« besteht darauf, dass ein politisches Magazin kontrastierend einseitig sein dürfe. Die Fernsehleute haben offenbar nicht gemerkt, dass sie auf der Ehre der Frankfurter herumgetrampelt sind.

Es gibt zahlreiche andere Beispiele für falsche und diskriminierende Behauptungen: Die DDR-Jugend sei durch die kollektive Erziehung der Kinderkrippen autoritär geprägt. Die SED-Regierung hätte die Ostdeutschen mit Menschen- und Engelszungen zum Arbeiten bewegen wollen, die Ostdeutschen aber hätten nicht gewollt. Wer das behauptet, hat selbst nicht genug Arbeit investiert, nämlich in die Wahrnehmung der DDR-Verhältnisse, die von der Selbstblockade einer vom permanenten Mangel gelähmten Planwirtschaft bestimmt waren.

Und immer wieder steht die kleine, aber besonders gewalttätige Minderheit rechtsorientierter Jugendlicher für »die Jugend des Ostens«, obwohl bei vergleichenden Untersuchungen östlicher und westlicher Studenten ganz andere Ergebnisse zu Tage gekommen sind: Die ostdeutschen Jugendlichen sind im Durchschnitt leistungswilliger und weniger anfällig für Drogen, Alkohol und Jugendsekten. Sie haben ein ungezwungeneres Verhältnis zu Partnerschaft und Familie. Darüber liest man selten, denn Schreckensmeldungen aus dem Osten sind beliebter. Kürzlich bin ich gefragt worden, warum rechtsradikale Parteien im Osten so große Erfolge haben. Man hatte übersehen, dass es bis 1998 in den neuen Bundesländern weder auf kommunaler noch auf Länderebene auch nur einen Mandatsträger dieser Parteien, die zugleich in mehreren westlichen Länderparlamenten und Kommunen seit Jahren saßen, gegeben hatte. Erst der Erfolg der DVU in Sachsen-Anhalt mit einem Ergebnis von 12,9 Prozent – von München aus gesteuert und mit Millionen finanziert – veränderte die Situation. Aber auch dieser Erfolg war kein ostdeutsches Phänomen: Die DVU hatte zuvor schon Sitze in Bremen und Schleswig-Holstein erlangt.

Des weiteren warne ich vor der Dankbarkeitsfalle. Viele Westdeutsche fragen: »Warum sind die Ostdeutschen nicht dankbarer? Sie erfahren doch so viel westliche Hilfe.« Verweigerte Dankbarkeit enttäuscht, aber eingeforderte Dankbarkeit macht unfrei und befangen. Sie erzeugt womöglich sogar Ressentiments, weil sie das Eingeständnis der Abhängigkeit einschließt. Von der Gnade eines anderen leben – das ist ohne Beeinträchtigung der Freiheit und Selbstachtung wohl zwischen Mensch und Gott, nicht aber zwischen Mensch und Mensch möglich. Die andauernde Forderung nach Dankbarkeit ruiniert jede menschliche Beziehung. Das bestätigt Ihnen jeder Eheberater. Weil wir das im Grunde wissen, antworten wir auf eine Dankesbezeugung mit »nichts zu danken«, »keine Ursache« oder »gern geschehen«. Wir reden also manchmal klüger, als wir denken, denn diese Floskeln sollen vermeiden, dass der andere sich abhängig fühlt. Der sozialistische Staat hat von seinen Bürgern ständig Dankbarkeit erwartet und dafür Wohlverhalten eingefordert. Die Einigungskosten sind meiner Meinung nach verspätete Kriegsfolgelasten oder besser noch: Investitionen in die gemeinsame deutsche Zukunft.

Wenn der Papst oder Präsident Clinton vor dem Brandenburger Tor Helmut Kohl für die deutsche Einheit Lob und Anerkennung aussprechen, dann dürfen wir, ohne seine Verdienste zu schmälern, sagen, dass Kohl das außenpolitische Tor geschossen hat, dass die Vorlage aber die Ostdeutschen gegeben haben. Ohne den Herbst 1989 hätte auch der größte Kanzler die Einheit nicht zu Stande gebracht. So gesehen sind es die Ostdeutschen, die den Anspruch, der im Namen unseres Landes liegt, geltend gemacht haben. Erst am 3. Oktober 1990 ist aus der westdeutschen Bundesrepublik die Bundesrepublik Deutschland geworden.

Referenten

Adomeit, Hannes, Ebenhausen
geboren 1942, Ph. D., Professor, Wissenschaftlicher Mitarbeiter bei der Stiftung Wissenschaft und Politik in Ebenhausen.
　Veröffentlichungen u. a.: *Die Sowjetmacht in internationalen Krisen und Konflikten: Verhaltensmuster, Handlungsprinzipien, Bestimmungsfaktoren* (1983), (Mithg.) *Die Sowjetunion als Militärmacht* (1987), *Die Sowjetunion unter Gorbatschow: Stand, Probleme, Perspektiven der Perestroika* (1990), *Rußland und Deutschland: Perzeptionen, Paradigmen und politische Beziehungen*, in: *Deutschland in Europa* (1997), *Russian National Security Interests*, in: *Security Dilemmas in Russia and Eurasia* (1998), *Imperial Overstretch: Germany in Soviet Policy from Stalin to Gorbachev: An Analysis Based on New Archival Evidence, Memoirs and Interviews* (1998).

Bariéty, Jacques, Paris
geboren 1930, Dr., Professor (em.) für Geschichtswissenschaft und Deutschlandkunde an der Universität Paris IV-Sorbonne, Historischer Berater des französischen Außenministeriums.
　Veröffentlichungen u. a.: *Les relations franco-allemandes après la Première Guerre Mondiale: 10 novembre 1918–10 janvier 1925. De l'exécution à la négociation* (1977), (zus. mit R. Poidevin) *Les relations franco-allemandes 1815–1975* (1979), *L'Allemagne de la division à l'unification*, Sondernummer der Zeitschrift *Relations internationales* (Sommer 1992), *Das Deutsche Reich im französischen Urteil 1871–1945*, in: Klaus Hildebrand (Hg.), *Das Deutsche Reich im Urteil der großen Mächte und europäischen Nachbarn* (1995), (Mithg.) *Documents Diplomatiques Français 1920–1932* (ab 1997), *Deutsche Einheit*, Rezension der Sonderedition aus den Akten des Bundeskanzleramtes 1989–1990, Sondernummer der *Revue d'Allemagne* (Januar-März 1999).

Bark, Dennis L., Stanford
geboren 1942, Ph. D., Politikwissenschaftler und Historiker, Senior Fellow an der Hoover Institution on War, Revolution and Peace an der Stanford University, USA.
　Veröffentlichungen u. a.: *Die Berlin-Frage 1949–1955* (1972), *Europe: America's Heritage?*, in: *Thinking About America. The United States in the*

1990s (1989), (zus. mit David R. Gress) *A History of West Germany* (2 Bde., 1989 und 1993), *The American-European Relationship – Reflections on Half a Century 1947–1997*, in: *Reflections on Europe* (1997).

Eckert, Rainer, Leipzig
geboren 1950, Dr. phil., Historiker, Leiter des Zeitgeschichtlichen Forums Leipzig.
Veröffentlichungen u. a.: (Mithg.) *Krise – Umbruch – Neubeginn. Eine kritische und selbstkritische Dokumentation der DDR-Geschichtswissenschaft 1989/90* (1992), *Vom »Fall Marita« zur »wirtschaftlichen Sonderaktion«: Die deutsche Besatzungspolitik in Griechenland vom 6. April 1941 bis zur Kriegswende im Februar/März 1943* (1992), (Mithg.) *Hure oder Muse? Klio in der DDR* (1994), (Mithg.) *Zwischen Selbstbehauptung und Anpassung: Formen des Widerstandes und der Opposition in der DDR* (1995), (Mithg.) *Halbherziger Revisionismus. Zum postkommunistischen Geschichtsbild der PDS* (1996), *Arbeiter in der preußischen Provinz: Rheinprovinz, Schlesien und Pommern 1933–1939 im Vergleich* (1997), (Red.) *Einsichten* (1999), *Emigrationspublizistik und Judenverfolgung* (2000).

Fricke, Karl Wilhelm, Köln
geboren 1929, Dr. h. c., freier Journalist und Publizist. 1949 aus der SBZ geflohen, seit 1952 Journalist in West-Berlin, 1955 von Agenten des Ministeriums für Staatssicherheit entführt, 1956 vom Obersten Gericht der DDR wegen »Kriegshetze« verurteilt, nach der Haft von 1959 bis 1969 als Journalist in Hamburg tätig, von 1970 bis 1994 als Leiter der Ost-West-Abteilung beim Deutschlandfunk in Köln.
Veröffentlichungen u. a.: *Politik und Justiz in der DDR* (1979), *Die DDR-Staatssicherheit* (1982), *Opposition und Widerstand in der DDR* (1984), *MfS intern* (1991), *Akten-Einsicht* (1995), (zus. mit Roger Engelmann) *Konzentrierte Schläge* (1998), *Der Wahrheit verpflichtet* (2000).

Gruša, Jiři, Wien
geboren 1938, Dr. phil., Botschafter der Tschechischen Republik in Österreich. Als Journalist, Lyriker und Prosaist 1970 mit Berufsverbot belegt, Unterzeichner der Charta 77, 1981 gegen seinen Willen aus der CSSR ausgebürgert, 1990 Botschafter der CSFR in der Bundesrepublik Deutschland, 1997/98 Minister für Bildungswesen, Jugend und Sport, Träger u. a. des Andreas-Gryphius-Preises 1996 und des Inter Nationes-Kulturpreises 1998.
Veröffentlichungen u. a.: *Franz Kafka aus Prag* (1983), *Mimmer oder Das Tier der Trauer* (1986), (Mithg.) *Prager Frühling – Prager Herbst* (1988), *Babylonwald* (1990), (Mitautor) *Prag – einst Stadt der Tschechen, Deutschen und Juden* (1993), *Wandersteine* (1994), *Gebrauchsanweisung für Tschechien* (1998).

Hacke, Christian, Hamburg
geboren 1943, Dr. phil., seit April 2000 Professor für Wissenschaft von der Politik und Zeitgeschichte und Geschäftsführender Direktor am Seminar

für Politische Wissenschaft der Rheinischen Friedrich-Wilhelms-Universität Bonn.
    Veröffentlichungen u. a.: *Die Ära Nixon/Kissinger 1969–1974* (1983), *Von Kennedy bis Reagan. Grundzüge der amerikanischen Außenpolitik 1960– 1984* (1984), *Amerikanische Nahostpolitik* (1985), *Die Außenpolitik der Bundesrepublik Deutschland. Weltmacht wider Willen?* (2. Auflage 1997), *Zur Weltmacht verdammt. Die amerikanische Außenpolitik von Kennedy bis Clinton* (1997).

Hehl, Ulrich von, Leipzig
geboren 1947, Dr. phil., Professor für Neuere und Neueste Geschichte an der Universität Leipzig.
    Veröffentlichungen u. a.: *Katholische Kirche und Nationalsozialismus im Erzbistum Köln 1933–1945* (1977), *Wilhelm Marx 1863–1946. Eine politische Biographie* (1987), *Nationalsozialistische Herrschaft* (1996), (zus. mit Chr. Kösters) *Priester unter Hitlers Terror. Eine biographische und statistische Erhebung* (1998), (Hg.) *Adenauer und die Kirchen* (1999), (Mithg.) *Zeitzeichen. 150 Deutsche Katholikentage 1848–1998* (1999).

Hildebrand, Klaus, Bonn
geboren 1941, Dr. phil., Professor für Neuere Geschichte an der Rheinischen Friedrich-Wilhelms-Universität in Bonn.
    Veröffentlichungen u. a.: *Vom Reich zum Weltreich. Hitler, NSDAP und koloniale Frage 1919–1945* (1969), *Deutsche Außenpolitik 1933–1945. Kalkül oder Dogma?* (5. Aufl. 1990), *Das Dritte Reich* (5. Aufl. 1995), *Von Erhard zur Großen Koalition 1963–1969* (1984), *Deutsche Außenpolitik 1871–1918* (2. Aufl. 1994), *Integration und Souveränität. Die Außenpolitik der Bundesrepublik Deutschland 1949–1982* (1990), *Das vergangene Reich. Deutsche Außenpolitik von Bismarck bis Hitler 1871–1945* (2. Aufl. 1996, Tb. 1999), *No intervention. Die Pax Britannica und Preußen 1865/66– 1869/70* (1997).

Klier, Freya, Berlin
geboren 1950, Schriftstellerin und Regisseurin. Als Jugendliche wegen versuchter »Republikflucht« inhaftiert, von 1970 bis 1975 Schauspielstudium, von 1978 bis 1982 Studium der Schauspielregie, 1980 Mitbegründerin der Friedensbewegung in der DDR, 1985 mit Berufsverbot belegt, 1988 unfreiwillige Ausbürgerung mit dem Liedermacher Stefan Krawczyk.
    Veröffentlichungen u. a.: *Abreiß-Kalender. Versuch eines Tagebuchs* (1988), *Lüg Vaterland. Erziehung in der DDR* (1990), *Die Kaninchen von Ravensbrück. Medizinische Versuche an Frauen in der NS-Zeit* (1994), *Verschleppt ans Ende der Welt. Schicksale deutscher Frauen in sowjetischen Arbeitslagern* (1996), *Penetrante Verwandte. Kommentare, Aufsätze und Essays in Zeiten deutscher Einheit* (1996), mehrere Dokumentarfilme.

Meckel, Markus, Berlin
geboren 1952, Mitglied des Bundestags, Vorsitzender der Stiftung zur Aufarbeitung der SED-Diktatur und der Deutsch-polnischen Gesellschaft Bun-

desverband e.V, Leiter der deutschen Delegation in der Parlamentarischen Versammlung der NATO. Von 1982 bis 1988 Pfarrer in Vipperow/Müritz, Oppositionstätigkeit und 1989 Mitbegründer der Sozialdemokratischen Partei in der DDR, 1990 Mitglied der Volkskammer und Außenminister der DDR, 1992 bis 1998 Sprecher der SPD in den Enquetekommissionen des Bundestags »Aufarbeitung von Geschichte und Folgen der SED-Diktatur in Deutschland« und »Überwindung der Folgen der SED-Diktatur im Prozess der deutschen Einheit«.
 Veröffentlichungen u. a.: (zus. mit M. Gutzeit) *Opposition in der DDR. Zehn Jahre kirchliche Friedensarbeit* (1994), (Mithg.) *Getrennte Vergangenheit, gemeinsame Zukunft. Dokumente der Enquetekommission »SED-Diktatur«* (1997).

Neubert, Ehrhart, Berlin
geboren 1940, Dr. phil., Referatsleiter in der Abteilung Bildung und Forschung beim Bundesbeauftragten für die Unterlagen des MfS der ehemaligen DDR. Von 1964 bis 1984 Gemeinde- und Studentenpfarrer in Thüringen, von 1984 bis 1992 Referent beim Bund der Evangelischen Kirchen in der DDR, von 1992 bis 1996 in der Studien- und Begegnungsstätte der EKD in Berlin tätig, Mitwirkender in verschiedenen Oppositionsgruppen und Mitbegründer der Partei »Demokratischer Aufbruch«.
 Veröffentlichungen u. a.: *Eine Protestantische Revolution* (1990), *Vergebung oder Weißwäscherei – Zur Aufarbeitung des Stasiproblems in den Kirchen* (1993), *Untersuchung zu den Vorwürfen gegen den Ministerpräsidenten des Landes Brandenburg Dr. Manfred Stolpe* (1993), *»gründlich ausgetrieben«. Studie zum Profil von Konfessionslosigkeit in Ostdeutschland* (1996), *Geschichte der Opposition in der DDR 1949–1989* (1997).

Portugalow, Nikolai S., Moskau
geboren 1928, freier Journalist und Publizist. Von 1972 bis 1978 Korrespondent der Presseagentur »Nowosti« und der Zeitschrift »Literaturnaja Gaseta« in Bonn, nach der Rückkehr nach Moskau 1978 bis 1991 Berater der Abteilung für internationale Beziehungen beim Zentralkomitee der KPdSU, vornehmlich im Bereich des deutsch-sowjetischen Verhältnisses. In dieser Periode gehörte er zum außenpolitischen Beraterkreis von Michail Gorbatschow.

Schäfer, Hermann, Bonn
geboren 1942, Dr. phil., Professor, Direktor der Stiftung Haus der Geschichte der Bundesrepublik Deutschland, Bonn, lehrt Wirtschafts- und Sozialgeschichte an der Albert-Ludwigs-Universität Freiburg.
 Veröffentlichungen u. a.: *Wirtschaftsploetz* (1984*), Zwischen Disneyland und Musentempel – Zeitgeschichte im Museum«*, in: *Museumskund*e (60/1995), *Besucherforschung im Haus der Geschichte*, in: Haus der Geschichte (Hg.), *Museums-Fragen – Museen und ihre Besucher* (1996), *Ist Europa museumsreif?*, in: *Die Politische Meinung* (334/1997), *Erlebnis Geschichte – Eine neue Ausstellung für neue Besucher*, in: Haus der Geschichte

(Hg.), *Erlebnis Geschichte. Das Buch zur Ausstellung* (2. Aufl. 1998), (Hg.) *50 Jahre Deutschland, Ploetz* (1999).

Schorlemmer, Friedrich, Lutherstadt Wittenberg
geboren 1944, Studienleiter an der Evangelischen Akademie Sachsen-Anhalt. Von 1967 bis 1971 Studieninspektor in den Franckeschen Stiftungen, von 1971 bis 1978 Jugend- und Studentenpfarrer in Merseburg, von 1978 bis 1992 Dozent am Evangelischen Predigerseminar und Prediger an der Schlosskirche in Wittenberg, 1989 Mitbegründer der Partei »Demokratischer Aufbruch«, 1989 Carl-von-Ossietzky-Medaille der Internationalen Liga für Menschenrechte, 1993 Friedenspreis des Deutschen Buchhandels.
 Veröffentlichungen u. a.: *Bis alle Mauern fallen – Texte aus einem verschwundenen Land* (1991), *Worte öffnen Fäuste. Die Rückkehr in ein schwieriges Vaterland* (1992*), Versöhnung in der Wahrheit. Vorschläge und Nachschläge eines Ostdeutschen* (1992), *Freiheit als Einsicht. Bausteine für die Einheit (1993), Es ist nicht umsonst* (1993), *Zu seinem Wort stehen* (1994) *Einschärfungen zum Menschsein heute* (1996), *Eisige Zeiten* (1998), *Zeitansagen* (1999).

Schröder, Richard, Berlin
geboren 1943, Dr. theol., Dr. h. c., Professor für Philosophie und Systematische Theologie an der Humboldt-Universität zu Berlin, Richter am Verfassungsgericht des Landes Brandenburg, Präsident des Senats der Deutschen Nationalstiftung und Vorsitzender des Kuratoriums der EXPO 2000. Von 1973 bis 1977 Pfarrer in Wiederstedt bei Hettstedt, von 1977 bis 1990 Dozent für Philosophie am Sprachenkonvikt Berlin und am Katechetischen Oberseminar Naumburg, 1990 Mitarbeit in der Verfassungskommission des »Runden Tisches« in der DDR, Abgeordneter der Volkskammer und Vorsitzender der SPD-Fraktion, 1997 Ludwig-Börne-Preis, seit 1998 Erster Vorsitzender der Humboldt-Universität Berlin.
 Veröffentlichungen u. a.: *Denken im Zwielicht* (1990), *Deutschland schwierig Vaterland* (1993), *Vom Gebrauch der Freiheit* (1996), (Mitautor) *Was hält unser Land zusammen?* (1997).

Weber, Hermann, Mannheim
geboren 1928, Dr. phil., Professor (em.) für Politische Wissenschaft und Zeitgeschichte an der Universität Mannheim, von 1981 bis 1996 Leiter des Forschungsschwerpunktes DDR-Geschichte.
 Veröffentlichungen u. a.: *Ulbricht verfälscht die Geschichte* (1964), *Von der SBZ zur DDR* (1968), *Die Wandlung des deutschen Kommunismus. Die Stalinisierung der KPD in der Weimarer Republik* (1969), *Lenin* (1970), *Die SED 1946–1971* (1971), *Geschichte der DDR* (erw. Auflage 1999), *»Weiße Flecken« in der Geschichte* (1989), *DDR. Grundriß der Geschichte 1945–1990* (1990), *Aufbau und Fall einer Diktatur* (1991), *Die DDR 1945–1990* (erw. Aufl. 2000), (Mithg.) *Getrennte Vergangenheit, gemeinsame Zukunft. Dokumente der Enquetekommission »SED-Diktatur«* (1997), (zus. mit U. Mählert) *Terror. Stalinistische Parteisäuberungen 1936–1953* (1998).

Woycicki, Kazimierz, Warschau
geboren 1949, Leiter des Instituts für deutsche und nordeuropäische Studien in Stettin. Von 1974 bis 1984 Mitarbeiter der Monatszeitschrift »Wiez«, Zusammenarbeit mit Untergrundzeitungen, 1981/82 Internierung, von 1984 bis 1986 Studium in der Bundesrepublik Deutschland, 1986/87 Mitarbeiter der BBC London, nach der Rückkehr nach Polen Sekretär des Bürgerkomitees von Lech Wałesa, von 1990 bis 1993 Chefredakteur der Tageszeitung »Zycie Warszawy«, von 1993 bis 1995 Abteilungsleiter für Politik beim Ersten Programm des Polnischen Fernsehens, von 1996 bis 1999 Direktor des Polnischen Instituts Düsseldorf.

Veröffentlichungen u. a.: *Sollen wir vor den Deutschen Angst haben?* (1989), *Zur Besonderheit der deutsch-polnischen Beziehungen*, in: *Aus Politik und Zeitgeschichte* (1996), *Jaspers und die polnische Abrechnung mit der Geschichte*, in: *Transodra. Deutsch-polnisches Informationsbulletin* (1996), *Der verlorene Osten. Über den Balkan, das Auge und den deutsch-polnischen Vertriebenendialog*, in: *Verlorene Heimat* (1998).

Weiterführende Literatur

Adomeit, Hannes, *Die Sowjetunion unter Gorbatschow: Stand, Probleme, Perspektiven der Perestroika*, Stuttgart 1990.
Adomeit, Hannes, *Imperial Overstretch: Germany in Soviet Policy from Stalin to Gorbachev. An Analysis Based on New Archival Evidence, Memoirs and Interviews*, Baden-Baden 1998.
Altenhof, Ralf/Jesse, Eckhard (Hg.), *Das wiedervereinigte Deutschland. Zwischenbilanz und Perspektiven*, Düsseldorf 1995.
Bahrmann, Hannes/Links, Christoph, *Chronik der Wende*, 2 Bände, Berlin 1994–1995.
Deutscher Bundestag (Hg.), *Materialien der Enquetekommission »Aufarbeitung von Geschichte und Folgen der SED-Diktatur in Deutschland«*, 9 Bände in 18 Teilbänden, Baden-Baden/Frankfurt am Main 1995.
Eckart, Karl/Hacker, Jens/Mampel, Siegfried (Hg.), *Wiedervereinigung Deutschlands. Festschrift zum Bestehen der Gesellschaft für Deutschlandforschung*, Berlin 1998.
Fehr, Helmut, *Unabhängige Öffentlichkeit und soziale Bewegungen: Fallstudien über Bürgerbewegungen in Polen und der DDR*, Opladen 1996.
Fischer, Angela, *Entscheidungsprozeß zur deutschen Wiedervereinigung*, Frankfurt am Main 1996.
Fricke, Karl Wilhelm, *Opposition und Widerstand in der DDR. Ein politischer Report*, Köln 1984.
Fricke, Karl Wilhelm, *Der Wahrheit verpflichtet. Texte aus fünf Jahrzehnten zur Geschichte der DDR*, Berlin 2000.
Garton Ash, Timothy, *Im Namen Europas. Deutschland und der geteilte Kontinent*, München 1993.
Garton Ash, Timothy, *Ein Jahrhundert wird abgewählt: Aus den Zentren Mitteleuropas 1980–1990*, München 1997.
Gorbatschow, Michail, *Wie es war. Die deutsche Wiedervereinigung*, Berlin 1999.
Hacke, Christian, *Zur Weltmacht verdammt. Die amerikanische Außenpolitik von Kennedy bis Clinton*, Berlin 1997.
Henke, Klaus Dietmar/Steinbach, Peter/Tuchel, Johannes (Hg.), *Widerstand und Opposition in der DDR 1949 bis 1989*, Köln/Weimar/Wien 1999.
Hertle, Hans-Hermann, *Chronik des Mauerfalls. Die dramatischen Ereignisse um den 9. November 1989*, Berlin 1996.

Heydemann, Günther (Hg.), *Revolution und Transformation in der DDR 1989/90*, Berlin 1999.

Jäger, Wolfgang/Walter, Michael, *Die Überwindung der Teilung. Der innerdeutsche Prozeß der Vereinigung 1989/90*, Stuttgart 1998.

Jesse, Eckhard/Mitter, Arnim, *Die Gestaltung der Einheit. Geschichte – Politik – Gesellschaft*, Bonn/Berlin 1992.

Kuhrt, Eberhard/Buck, Hansjörg F./Holzweißig, Gunter, *Opposition in der DDR von den 70er Jahren bis zum Zusammenbruch der SED-Herrschaft*, Opladen 1999.

Lohse, Eckart, *Östliche Lockungen und westliche Zwänge. Paris und die deutsche Teilung 1949 bis 1955*, München 1995.

Lindner, Bernd (Hg.), *Zum Herbst '89. Demokratische Bewegung in der DDR*, Leipzig 1994.

Neubert, Ehrhart, *Geschichte der Opposition in der DDR 1949–1989*, Berlin 1997.

Maier, Charles S., *Das Verschwinden der DDR und der Untergang des Kommunismus*, Frankfurt am Main 1999.

Pollack, Detlef, *Politischer Protest: politisch alternative Gruppen in der DDR*, Opladen 2000.

Poppe, Ulrike/Eckert, Rainer/Kowalczuk, Ilko-Sascha, (Hg.), *Zwischen Selbstbehauptung und Anpassung. Formen des Widerstandes und der Opposition in der DDR*, Berlin 1995.

Schäfer, Hermann (Hg.), *50 Jahre Deutschland – Ploetz – Ereignisse und Entwicklungen. Deutsch-deutsche Bilanz in Daten und Analysen*, Freiburg 1999.

Weber, Hermann, *Geschichte der DDR 1945–1990*, überarb. u. erw. Neuauflage, München 1999.

Weidenfeld, Werner/Korte, Karl-Rudolf (Hg.), *Handbuch zur deutschen Einheit*, Frankfurt am Main 1993.

Weidenfeld Werner/Wagner, Peter M./Bruck, Elke, *Außenpolitik für die deutsche Einheit. Die Entscheidungsjahre 1989/90*, Stuttgart 1998.

Wengst, Udo (Hg.), *Historiker betrachten Deutschland. Beiträge zum Vereinigungsprozeß und zur Hauptstadtdiskussion (Februar 1990–Juni 1991)*, Bonn/Berlin 1992.

Werkentin, Falco, *Recht und Justiz im SED-Staat*, Bonn 1998.

Wolle, Stefan, *Die heile Welt der Diktatur. Alltag und Herrschaft in der DDR 1971–1989*, Berlin 1998.

Zwahr, Hartmut, *Ende einer Selbstzerstörung. Leipzig und die Revolution in der DDR*, Göttingen 1993.